Molière

Dépit amoureux

Les personnages

ÉRASTE, amant de Lucile.
ALBERT, père de Lucile.
GROS-RENÉ, valet d'Éraste.
VALÈRE, fils de Polydore.
LUCILE, fille d'Albert.
MARINETTE, suivante de Lucile.
POLYDORE, père de Valère.
FROSINE, confidente d'Ascagne.
ASCAGNE, fille sous l'habit d'homme.
MASCARILLE, valet de Valère.
MÉTAPHRASTE, pédant.
LA RAPIÈRE, bretteur.

Acte I

Scène première

Éraste, Gros-René.

ÉRASTE

Veux-tu que je te die ? une atteinte secrette
Ne laisse point mon âme en une bonne assiette :
Oui, quoi qu'à mon amour tu puisses repartir,
Il craint d'être la dupe, à ne te point mentir ;
Qu'en faveur d'un rival ta foi ne se corrompe,
Ou du moins qu'avec moi toi-même on ne te trompe.

GROS-RENÉ

Pour moi, me soupçonner de quelque mauvais tour,
Je dirai, n'en déplaise à Monsieur votre amour,
Que c'est injustement blesser ma prud'homie
Et se connaître mal en physionomie.
Les gens de mon minois ne sont point accusés
D'être, grâces à Dieu, ni fourbes, ni rusés.
Cet honneur qu'on nous fait, je ne le démens guères,
Et suis homme fort rond de toutes les manières,
Pour que l'on me trompât, cela se pourrait bien :
Le doute est mieux fondé ; pourtant je n'en crois rien,
Je ne vois point encore, ou je suis une bête,
Sur quoi vous avez pu prendre martel en tête.
Lucile, à mon avis, vous montre assez d'amour :
Elle vous voit, vous parle à toute heure du jour ;
Et Valère, après tout, qui cause votre crainte,
Semble n'être à présent souffert que par contrainte.

ÉRASTE

Souvent d'un faux espoir un amant est nourri :
Le mieux reçu toujours n'est pas le plus chéri :

Et tout ce que d'ardeur font paraître les femmes
Parfois n'est qu'un beau voile à couvrir d'autres flammes.
Valère enfin, pour être un amant rebuté,
Montre depuis un temps trop de tranquillité ;
Et ce qu'à ces faveurs, dont tu crois l'apparence,
Il témoigne de joie ou bien d'indifférence
M'empoisonne à tous coups leurs plus charmants appas
Me donne ce chagrin que tu ne comprends pas,
Tient mon bonheur en doute, et me rend difficile
Une entière croyance aux propos de Lucile.
Je voudrais, pour trouver un tel destin plus doux,
Y voir entrer un peu de son transport jaloux ;
Et sur ses déplaisirs et son impatience
Mon âme prendrait lors une pleine assurance.
Toi-même penses-tu qu'on puisse, comme il fait,
Voir chérir un rival d'un esprit satisfait ?
Et si tu n'en crois rien, dis-moi, je t'en conjure,
Si j'ai lieu de rêver dessus cette aventure.

GROS-RENÉ

Peut-être que son cœur a changé de désirs,
Connaissant qu'il poussait d'inutiles soupirs.

ÉRASTE

Lorsque par les rebuts une âme est détachée,
Elle veut fuir l'objet dont elle fut touchée,
Et ne rompt point sa chaîne avec si peu d'éclat,
Qu'elle puisse rester en un paisible état.
De ce qu'on a chéri la fatale présence
Ne nous laisse jamais dedans l'indifférence ;
Et si de cette vue on n'accroît son dédain,
Notre amour est bien près de nous rentrer au sein :
Enfin, crois-moi, si bien qu'on éteigne une flamme
Un peu de jalousie occupe encore une âme,
Et l'on ne saurait voir, sans en être piqué,
Posséder par un autre un cœur qu'on a manqué.

GROS-RENÉ

Pour moi, je ne sais point tant de philosophie :
Ce que voyent mes yeux, franchement je m'y fie,
Et ne suis point de moi si mortel ennemi,
Que je m'aille affliger sans sujet ni demi.
Pourquoi subtiliser et faire le capable
À chercher des raisons pour être misérable ?
Sur des soupçons en l'air je m'irais alarmer !
Laissons venir la fête avant que la chômer.
Le chagrin me paraît une incommode chose ;
Je n'en prends point pour moi sans bonne et juste cause,
Et mêmes à mes yeux cent sujets d'en avoir
S'offrent le plus souvent, que je ne veux pas voir.
Avec vous en amour je cours même fortune ;
Celle que vous aurez me doit être commune :
La maîtresse ne peut abuser votre foi,
À moins que la suivante en fasse autant pour moi ;
Mais j'en fuis la pensée avec un soin extrême.
Je veux croire les gens quand on me dit « Je t'aime, »
Et ne vais point chercher, pour m'estimer heureux,
Si Mascarille ou non s'arrache les cheveux.
Que tantôt Marinette endure qu'à son aise
Jodelet par plaisir la caresse et la baise,
Et que ce beau rival en rie ainsi qu'un fou,
À son exemple aussi j'en rirai tout mon soûl,
Et l'on verra qui rit avec meilleure grâce.

ÉRASTE

Voilà de tes discours.

GROS-RENÉ

Mais je la vois qui passe.

4

Scène II

Marinette, Éraste, Gros-René.

GROS-RENÉ

St, Marinette !

MARINETTE

Oh ! oh ! que fais-tu là ?

GROS-RENÉ

Ma foi,
Demande, nous étions tout à l'heure sur toi.

MARINETTE

Vous êtes aussi là, Monsieur ! Depuis une heure
Vous m'avez fait trotter comme un Basque, je meure !

ÉRASTE

Comment ?

MARINETTE

Pour vous chercher j'ai fait dix mille pas,
Et vous promets, ma foi….

ÉRASTE

Quoi ?

MARINETTE

Que vous n'êtes pas
Au temple, au cours, chez vous, ni dans la grande place.

GROS-RENÉ

Il fallait en jurer .

ÉRASTE

Apprends-moi donc, de grâce,
Qui te fait me chercher ?

5

MARINETTE

Quelqu'un, en vérité,
Qui pour vous n'a pas trop mauvaise volonté,
Ma maîtresse, en un mot.

ÉRASTE

Ah ! chère Marinette,
Ton discours de son cœur est-il bien l'interprète ?
Ne me déguise point un mystère fatal ;
Je ne t'en voudrai pas pour cela plus de mal :
Au nom des Dieux, dis-moi si ta belle maîtresse
N'abuse point mes vœux d'une fausse tendresse.

MARINETTE

Eh ! Eh ! d'où vous vient donc ce plaisant mouvement ?
Elle ne fait pas voir assez son sentiment !
Quel garant est ce encore que votre amour demande ?
Que lui faut-il ?

GROS-RENÉ

À moins que Valère se pende,
Bagatelle ! son cœur ne s'assurera point.

MARINETTE

Comment ?

GROS-RENÉ

Il est jaloux jusques en un tel point.

MARINETTE

De Valère ? Ah ! vraiment la pensée est bien belle !
Elle peut seulement naître en votre cervelle.
Je vous croyais du sens, et jusqu'à ce moment
J'avais de votre esprit quelque bon sentiment ;
Mais, à ce que je vois, je m'étais fort trompée.
Ta tête de ce mal est-elle aussi frappée ?

6

GROS-RENÉ

Moi, jaloux ? Dieu m'en garde, et d'être assez badin
Pour m'aller emmaigrir avec un tel chagrin !
Outre que de ton cœur ta foi me cautionne,
L'opinion que j'ai de moi-même est trop bonne
Pour croire auprès de moi que quelqu'autre te plût.
Où diantre pourrais-tu trouver qui me valût ?

MARINETTE

En effet, tu dis bien, voilà comme il faut être :
Jamais de ces soupçons qu'un jaloux fait paraître !
Tout le fruit qu'on en cueille est de se mettre mal,
Et d'avancer par là les desseins d'un rival :
Au mérite souvent de qui l'éclat vous blesse
Vos chagrins font ouvrir les yeux d'une maîtresse ;
Et j'en sais tel qui doit son destin le plus doux
Aux soins trop inquiets de son rival jaloux ;
Enfin, quoi qu'il en soit, témoigner de l'ombrage,
C'est jouer en amour un mauvais personnage,
Et se rendre, après tout, misérable à crédit :
Cela, seigneur Éraste, en passant vous soit dit.

ÉRASTE

Eh bien ! n'en parlons plus. Que venais-tu m'apprendre ?

MARINETTE

Vous mériteriez bien que l'on vous fît attendre,
Qu'afin de vous punir je vous tinsse caché
Le grand secret pourquoi je vous ai tant cherché.
Tenez, voyez ce mot, et sortez hors de doute :
Lisez-le donc tout haut, personne ici n'écoute.

ÉRASTE *lit*

« Vous m'avez dit que votre amour
Était capable de tout faire :
Il se couronnera lui-même dans ce jour,

S'il peut avoir l'aveu d'un père.
Faites parler les droits qu'on a dessus mon cœur ;
Je vous en donne la licence ;
Et si c'est en votre faveur,
Je vous réponds de mon obéissance, »
Ah ! quel bonheur ! Ô toi, qui me l'as apporté,
Je te dois regarder comme une déité.

GROS-RENÉ

Je vous le disais bien : contre votre croyance,
Je ne me trompe guère aux choses que je pense.

ÉRASTE *lit*

« Faites parler les droits qu'on a dessus mon cœur ;
Je vous en donne la licence ;
Et si c'est en votre faveur,
Je vous réponds de mon obéissance. »

MARINETTE

Si je lui rapportais vos faiblesses d'esprit,
Elle désavouerait bientôt un tel écrit.

ÉRASTE

Ah ! cache-lui, de grâce, une peur passagère,
Où mon âme a cru voir quelque peu de lumière ;
Ou si tu la lui dis, ajoute que ma mort
Est prête d'expier l'erreur de ce transport,
Que je vais à ses pieds, si j'ai pu lui déplaire,
Sacrifier ma vie à sa juste colère.

MARINETTE

Ne parlons point de mort, ce n'en est pas le temps.

ÉRASTE

Au reste, je te dois beaucoup, et je prétends
Reconnaître dans peu, de la bonne manière,
Les soins d'une si noble et si belle courrière.

8

MARINETTE

À propos, savez-vous où je vous ai cherché
Tantôt encore ?

ÉRASTE

Eh bien ?

MARINETTE

Tout proche du marché,
Où vous savez.

ÉRASTE

Où donc ?

MARINETTE

Là, dans cette boutique
Où, dès le mois passé, votre cœur magnifique
Me promit, de sa grâce, une bague.

ÉRASTE

Ah ! j'entends.

GROS-RENÉ

La matoise !

ÉRASTE

Il est vrai, j'ai tardé trop longtemps
À m'acquitter vers toi d'une telle promesse,
Mais…

MARINETTE

Ce que j'en ai dit, n'est pas que je vous presse.

GROS-RENÉ

Oh ! que non !

ÉRASTE

Celle-ci peut-être aura de quoi
Te plaire : accepte-la pour celle que je dois.

9

MARINETTE

Monsieur, vous vous moquez ; j'aurais honte à la prendre.

GROS-RENÉ

Pauvre honteuse, prends, sans davantage attendre :
Refuser ce qu'on donne est bon à faire aux fous.

MARINETTE

Ce sera pour garder quelque chose de vous.

ÉRASTE

Quand puis-je rendre grâce à cet ange adorable ?

MARINETTE

Travaillez à vous rendre un père favorable.

ÉRASTE

Mais s'il me rebutait, dois-je….

MARINETTE

                                   Alors comme alors !
Pour vous on emploiera toutes sortes d'efforts ;
D'une façon ou d'autre, il faut qu'elle soit vôtre :
Faites votre pouvoir, et nous ferons le nôtre.

ÉRASTE

Adieu : nous en saurons le succès dans ce jour.

MARINETTE

Et nous, que dirons-nous aussi de notre amour ?
Tu ne m'en parles point.

GROS-RENÉ

                          Un hymen qu'on souhaite,
Entre gens comme nous, est chose bientôt faite :
Je te veux : me veux-tu de même ?

MARINETTE

                                   Avec plaisir.

GROS-RENÉ

Touche, il suffit.

MARINETTE

                    Adieu, Gros-René, mon désir.

GROS-RENÉ

Adieu, mon astre.

MARINETTE

                    Adieu, beau tison de ma flamme.

GROS-RENÉ

Adieu, chère comète, arc-en-ciel de mon âme.
Le bon Dieu soit loué ! nos affaires vont bien :
Albert n'est pas un homme à vous refuser rien.

ÉRASTE

Valère vient à nous.

GROS-RENÉ

                    Je plains le pauvre hère,

Sachant ce qui se passe.

Scène III

Éraste, Valère, Gros-René.

ÉRASTE

Eh bien, seigneur Valère ?

VALÈRE

Eh bien, seigneur Éraste ?

ÉRASTE

En quel état l'amour ?

VALÈRE

En quel état vos feux ?

ÉRASTE

Plus forts de jour en jour.

VALÈRE

Et mon amour plus fort.

ÉRASTE

Pour Lucile ?

VALÈRE

Pour elle.

ÉRASTE

Certes, je l'avouerai, vous êtes le modèle
D'une rare constance.

VALÈRE

Et votre fermeté
Doit être un rare exemple à la postérité.

ÉRASTE

Pour moi, je suis peu fait à cet amour austère
Qui dans les seuls regards treuve à se satisfaire,

12

Et je ne forme point d'assez beaux sentiments
Pour souffrir constamment les mauvais traitements :
Enfin, quand j'aime bien, j'aime fort que l'on m'aime.

VALÈRE

Il est très naturel, et j'en suis bien de même :
Le plus parfait objet dont je serais charmé
N'aurait pas mes tributs, n'en étant point aimé.

ÉRASTE

Lucile cependant....

VALÈTE

Lucile, dans son âme,
Rend tout ce que je veux qu'elle rende à ma flamme.

ÉRASTE

Vous êtes donc facile à contenter ?

VALÈRE

Pas tant
Que vous pourriez penser.

ÉRASTE

Je puis croire pourtant,
Sans trop de vanité, que je suis en sa grâce.

VALÈRE

Moi, je sais que j'y tiens une assez bonne place.

ÉRASTE

Ne vous abusez point, croyez-moi.

VALÈRE

Croyez-moi,
Ne laissez point duper vos yeux à trop de foi.

ÉRASTE

Si j'osais vous montrer une preuve assurée
Que son cœur Non : votre âme en serait altérée.

13

VALÈRE

Si je vous osais, moi, découvrir en secret….
Mais je vous fâcherais, et veux être discret.

ÉRASTE

Vraiment, vous me poussez, et contre mon envie,
Votre présomption veut que je l'humilie.
Lisez.

VALÈRE

Ces mots sont doux.

ÉRASTE

Vous connaissez la main ?

VALÈRE

Oui, de Lucile.

ÉRASTE

Eh bien ? cet espoir si certain

VALÈRE *riant.*

Adieu, seigneur Éraste.

GROS-RENÉ

Il est fou, le bon sire :
Où vient-il donc pour lui de voir le mot pour rire ?

ÉRASTE

Certes il me surprend, et j'ignore, entre nous,
Quel diable de mystère est caché là-dessous.

ÉRASTE

Oui, je le vois paraître.
Feignons, pour le jeter sur l'amour de son maître.

14

Scène IV

Mascarille, Éraste, Gros-René.

MASCARILLE

Non, je ne trouve point d'état plus malheureux
Que d'avoir un patron jeune et fort amoureux.

GROS-RENÉ

Bonjour.

MASCARILLE

Bonjour.

GROS-RENÉ

Où tend Mascarille à cette heure ?
Que fait-il ? revient-il ? va-t-il ? ou s'il demeure ?

MASCARILLE

Non, je ne reviens pas, car je n'ai pas été ;
Je ne vais pas aussi, car je suis arrêté ;
Et ne demeure point, car tout de ce pas même
Je prétends m'en aller.

ÉRASTE

La rigueur est extrême :
Doucement, Mascarille.

MASCARILLE

Ha ! Monsieur, serviteur.

ÉRASTE

Vous nous fuyez bien vite ! Eh quoi ? vous fais-je peur ?

MASCARILLE

Je ne crois pas cela de votre courtoisie.

15

ÉRASTE

Touche : nous n'avons plus sujet de jalousie ;
Nous devenons amis, et mes feux, que j'éteins,
Laissent la place libre à vos heureux desseins.

MASCARILLE

Plût à Dieu !

ÉRASTE

Gros-René sait qu'ailleurs je me jette.

GROS-RENÉ

Sans doute, et je te cède aussi la Marinette.

MASCARILLE

Passons sur ce point-là : notre rivalité
N'est pas pour en venir à grande extrémité.
Mais est-ce un coup bien sûr que Votre Seigneurie
Soit désenamourée, ou si c'est raillerie ?

ÉRASTE

J'ai su qu'en ses amours ton maître était trop bien ;
Et je serais un fou de prétendre plus rien
Aux étroites faveurs qu'il a de cette belle.

MASCARILLE

Certes vous me plaisez avec cette nouvelle.
Outre qu'en nos projets je vous craignais un peu,
Vous tirez sagement votre épingle du jeu.
Oui, vous avez bien fait de quitter une place
Où l'on vous caressait pour la seule grimace ;
Et mille fois, sachant tout ce qui se passait,
J'ai plaint le faux espoir dont on vous repaissait :
On offense un brave homme alors que l'on l'abuse.
Mais d'où diantre, après tout, avez-vous su la ruse ?
Car cet engagement mutuel de leur foi

16

N'eut pour témoins, la nuit, que deux autres et moi ;
Et l'on croit jusqu'ici la chaîne fort secrète,
Qui rend de nos amants la flamme satisfaite.

ÉRASTE

Eh ! que dis-tu ?

MASCARILLE

Je dis que je suis interdit,
Et ne sais pas, Monsieur, qui peut vous avoir dit
Que sous ce faux semblant, qui trompe tout le monde,
En vous trompant aussi, leur ardeur sans seconde
D'un secret mariage a serré le lien.

ÉRASTE

Vous en avez menti.

MASCARILLE

Monsieur, je le veux bien.

ÉRASTE

Vous êtes un coquin.

MASCARILLE

D'accord.

ÉRASTE

Et cette audace
Mériterait cent coups de bâton sur la place.

MASCARILLE

Vous avez tout pouvoir.

ÉRASTE

Ha ! Gros-René.

GROS-RENÉ

Monsieur.

17

ÉRASTE

Je démens un discours dont je n'ai que trop peur.
(À Mascarille.)

Tu penses fuir ?

MASCARILLE

Nenni.

ÉRASTE

Quoi ? Lucile est la femme....

MASCARILLE

Non, Monsieur : je raillais.

ÉRASTE

Ah ! vous raillez, infâme !

MASCARILLE

Non, je ne raillais point.

ÉRASTE

Il est donc vrai ?

MASCARILLE

Non pas,

Je ne dis pas cela.

ÉRASTE

Que dis-tu donc ?

MASCARILLE

Hélas !

Je ne dis rien, de peur de mal parler.

ÉRASTE

Assure

Ou si c'est chose vraie, ou si c'est imposture.

MASCARILLE

C'est ce qu'il vous plaira : je ne suis pas ici
Pour vous rien contester.

ÉRASTE

Veux-tu dire ? Voici,
Sans marchander, de quoi te délier la langue.

MASCARILLE

Elle ira faire encore quelque sotte harangue !
Eh ! de grâce, plutôt, si vous le trouvez bon,
Donnez-moi vitement quelques coups de bâton,
Et me laissez tirer mes chausses sans murmure.

ÉRASTE

Tu mourras, ou je veux que la vérité pure
S'exprime par ta bouche.

MASCARILLE

Hélas ! je la dirai ;
Mais peut-être, Monsieur, que je vous tacherai.

ÉRASTE

Parle ; mais prends bien garde à ce que tu vas faire :
À ma juste fureur rien ne te peut soustraire,
Si tu mens d'un seul mot en ce que tu diras.

MASCARILLE

J'y consens, rompez-moi les jambes et les bras,
Faites-moi pis encore, tuez-moi, si j'impose
En tout ce que j'ai dit ici la moindre chose.

ÉRASTE

Ce mariage est vrai ?

MASCARILLE

Ma langue, en cet endroit,
A fait un pas de clerc dont elle s'aperçoit ;

Mais enfin cette affaire est comme vous la dites,
Et c'est après cinq jours de nocturnes visites,
Tandis que vous serviez à mieux couvrir leur jeu,
Que depuis avant-hier ils sont joints de ce nœud ;
Et Lucile depuis fait encore moins paraître
La violente amour qu'elle porte à mon maître,
Et veut absolument que tout ce qu'il verra,
Et qu'en votre faveur son cœur témoignera,
Il l'impute à l'effet d'une haute prudence
Qui veut de leurs secrets ôter la connaissance.
Si malgré mes serments vous doutez de ma foi,
Gros-René peut venir une nuit avec moi,
Et je lui ferai voir, étant en sentinelle,
Que nous avons dans l'ombre un libre accès chez elle.

ÉRASTE

Ôte-toi de mes yeux, maraud.

MASCARILLE

Et de grand cœur :

C'est ce que je demande.

ÉRASTE

Eh bien ?

GROS-RENÉ

Eh bien, Monsieur,

Nous en tenons tous deux, si l'autre est véritable.

ÉRASTE

Las ! il ne l'est que trop, le bourreau détestable.
Je vois trop d'apparence à tout ce qu'il a dit ;
Et ce qu'a fait Valère, en voyant cet écrit,
Marque bien leur concert, et que c'est une baye
Qui sert sans doute aux feux dont l'ingrate le paye.

20

Scène V

Marinette, Gros-René, Éraste.

MARINETTE

Je viens vous avertir que tantôt sur le soir
Ma maîtresse au jardin vous permet de la voir.

ÉRASTE

Oses-tu me parler, âme double et traîtresse ?
Va, sors de ma présence, et dis à ta maîtresse
Qu'avec ses écrits elle me laisse en paix,
Et que voilà l'état, infâme, que j'en fais.

MARINETTE

Gros-René, dis-moi donc quelle mouche le pique ?

GROS-RENÉ

M'oses-tu bien encore parler, femelle inique,
Crocodile trompeur, de qui le cœur félon
Est pire qu'un satrape ou bien qu'un Lestrygon ?
Va, va rendre réponse à ta bonne maîtresse,
Et lui dis bien et beau que, malgré sa souplesse,
Nous ne sommes plus sots, ni mon maître, ni moi,
Et désormais qu'elle aille au diable avec toi.

MARINETTE

Ma pauvre Marinette, es-tu bien éveillée ?
De quel démon est donc leur âme travaillée ?
Quoi ? faire un tel accueil à nos soins obligeants !
Oh ! que ceci chez nous va surprendre les gens !

Acte II

Scène première

Ascagne, Frosine.

FROSINE

Ascagne, je suis fille à secret, Dieu merci.

ASCAGNE

Mais, pour un tel discours, sommes-nous bien ici ?
Prenons garde qu'aucun ne nous vienne surprendre,
Ou que de quelque endroit on ne nous puisse entendre.

FROSINE

Nous serions au logis beaucoup moins sûrement :
Ici de tous côtés on découvre aisément,
Et nous pouvons parler avec toute assurance.

ASCAGNE

Hélas ! que j'ai de peine à rompre mon silence !

FROSINE

Ouais ! ceci doit donc être un important secret.

ASCAGNE

Trop, puisque je le fie à vous-même à regret,
Et que si je pouvais le cacher davantage,
Vous ne le sauriez point.

FROSINE

Ha ! c'est me faire outrage,
Feindre à s'ouvrir à moi, dont vous avez connu
Dans tous vos intérêts l'esprit si retenu !
Moi nourrie avec vous, et qui tiens sous silence

Des choses qui vous sont de si grande importance !
Qui sais

ASCAGNE

Oui, vous savez la secrète raison
Qui cache aux yeux de tous mon sexe et ma maison :
Vous savez que dans celle où passa mon bas âge
Je suis pour y pouvoir retenir l'héritage
Que relâchait ailleurs le jeune Ascagne mort,
Dont mon déguisement fait revivre le sort ;
Et c'est aussi pourquoi ma bouche se dispense
À vous ouvrir mon cœur avec plus d'assurance.
Mais avant que passer, Frosine, à ce discours,
Éclaircissez un doute où je tombe toujours :
Se pourrait-il qu'Albert ne sût rien du mystère
Qui masque ainsi mon sexe, et l'a rendu mon père ?

FROSINE

En bonne foi, ce point sur quoi vous me pressez
Est une affaire aussi qui m'embarrasse assez :
Le fond de cette intrigue est pour moi lettre close,
Et ma mère ne put m'éclaircir mieux la chose.
Quand il mourut ce fils, l'objet de tant d'amour,
Au destin de qui, même avant qu'il vînt au jour,
Le testament d'un oncle abondant en richesses
D'un soin particulier avait fait des largesses,
Et que sa mère fit un secret de sa mort,
De son époux absent redoutant le transport,
S'il voyait chez un autre aller tout l'héritage
Dont sa maison tirait un si grand avantage ;
Quand, dis-je, pour cacher un tel évènement,
La supposition fut de son sentiment,
Et qu'on vous prit chez nous, où vous étiez nourrie
(Votre mère d'accord de cette tromperie
Qui remplaçait ce fils à sa garde commis),
En faveur des présents le secret fut promis.
Albert ne l'a point su de nous ; et pour sa femme,

23

L'ayant plus de douze ans conservé dans son âme,
Comme le mal fut prompt dont on la vit mourir,
Son trépas imprévu ne put rien découvrir ;
Mais cependant je vois qu'il garde intelligence
Avec celle de qui vous tenez la naissance ;
J'ai su qu'en secret même il lui faisait du bien,
Et peut-être cela ne se fait pas pour rien.
D'autre part, il vous veut porter au mariage,
Et comme il le prétend, c'est un mauvais langage :
Je ne sais s'il saurait la supposition
Sans le déguisement. Mais la digression
Tout insensiblement pourrait trop loin s'étendre :
Revenons au secret que je brûle d'apprendre.

ASCAGNE

Sachez donc que l'Amour ne sait point s'abuser,
Que mon sexe à ses yeux n'a pu se déguiser,
Et que ses traits subtils, sous l'habit que je porte,
Ont su trouver le cœur d'une fille peu forte :
J'aime enfin.

FROSINE

Vous aimez ?

ASCAGNE

Frosine, doucement ;
N'entrez pas tout à fait dedans l'étonnement :
Il n'est pas temps encore ; et ce cœur qui soupire
À bien, pour vous surprendre, autre chose à TOUS dire.

FROSINE

Et quoi ?

ASCAGNE

J'aime Valère.

FROSINE

Ha ! vous avez raison.
L'objet de votre amour, lui, dont à la maison

24

Votre imposture enlève un puissant héritage,
Et qui de votre sexe ayant le moindre ombrage,
Verrait incontinent ce bien lui retourner !
C'est encore un plus grand sujet de s'étonner.

ASCAGNE

J'ai de quoi toutefois surprendre plus votre âme :
Je suis sa femme.

FROSINE

Oh Dieux ! sa femme !

ASCAGNE

Oui, sa femme.

FROSINE

Ha ! certes celui-là l'emporte, et vient à bout
De toute ma raison.

ASCAGNE

Ce n'est pas encore tout.

FROSINE

Encore ?

ASCAGNE

Je, la suis, dis-je, sans qu'il le pense,
Ni qu'il ait de mon sort la moindre connaissance.

FROSINE

Ho ! poussez : je le quitte, et ne raisonne plus,
Tant mes sens coup sur coup se treuvent confondus.
À ces énigmes-là je ne puis rien comprendre.

ASCAGNE

Je vais vous l'expliquer, si vous voulez m'entendre.
Valère, dans les fers de ma sœur arrêté,
Me semblait un amant digne d'être écouté ;

Et je ne pouvais voir qu'on rebutât sa flamme
Sans qu'un peu d'intérêt touchât pour lui mon âme :
Je voulais que Lucile aimât son entretien,
Je blâmais ses rigueurs, et les blâmai si bien,
Que moi-même j'entrai, sans pouvoir m'en défendre,
Dans tous les sentiments qu'elle ne pouvait prendre.
C'était, en lui parlant, moi qu'il persuadait ;
Je me laissais gagner aux soupirs qu'il perdait ;
Et ses vœux, rejetés de l'objet qui l'enflamme,
Étaient, comme vainqueurs, reçus dedans mon âme.
Ainsi mon cœur, Frosine, un peu trop faible, hélas !
Se rendit à des soins qu'on ne lui rendait pas,
Par un coup réfléchi reçut une blessure,
Et paya pour un autre avec beaucoup d'usure.
Enfin, ma chère, enfin l'amour que j'eus pour lui
Se voulut expliquer, mais sous le nom d'autrui :
Dans ma bouche, une nuit, cet amant trop aimable
Crut rencontrer Lucile à ses vœux favorable ;
Et je sus ménager si bien cet entretien,
Que du déguisement il ne reconnut rien.
Sous ce voile trompeur, qui flattait sa pensée,
Je lui dis que pour lui mon âme était blessée,
Mais que voyant mon père en d'autres sentiments,
Je devais une feinte à ses commandements ;
Qu'ainsi de notre amour nous ferions un mystère
Dont la nuit seulement serait dépositaire,
Et qu'entre nous de jour, de peur de rien gâter.
Tout entretien secret se devait éviter ;
Qu'il me verrait alors la même indifférence
Qu'avant que nous eussions aucune intelligence ;
Et que de son côté, de même que du mien,
Geste, parole, écrit, ne m'en dit jamais rien.
Enfin, sans m'arrêter sur toute l'industrie
Dont j'ai conduit le fil de cette tromperie,
J'ai poussé jusqu'au bout un projet si hardi,
Et me suis assuré l'époux que je vous dise.

FROSINE

Peste ! les grands talents que votre esprit possède !
Dirait-on qu'elle y touche avec sa mine froide ?
Cependant vous avez été bien vite ici ;
Car je veux que la chose ait d'abord réussi :
Ne jugez-vous pas bien, à regarder l'issue,
Qu'elle ne peut longtemps éviter d'être sue ?

ASCAGNE

Quand l'amour est bien fort, rien ne peut l'arrêter ;
Ses projets seulement vont à se contenter,
Et pourvu qu'il arrive au but qu'il se propose,
Il croit que tout le reste après est peu de chose.
Mais enfin aujourd'hui je me découvre à vous.
Afin que vos conseils… Mais voici cet époux.

Scène II

Valère, Ascagne, Frosine.

VALÈRE

Si vous êtes tous deux en quelque conférence
Où je vous fasse tort de mêler ma présence,
Je me retirerai.

ASCAGNE

        Non, non, vous pouvez bien,
Puisque vous le faisiez, rompre notre entretien.

VALÈRE

Moi ?

ASCAGNE

Vous-même.

VALÈRE

Et comment ?

ASCAGNE

        Je disais que Valère
Aurait, si j'étais fille, un peu trop su me plaire,
Et que si je faisais tous les vœux de son cœur,
Je ne tarderais guère à faire son bonheur.

VALÈRE

Ces protestations ne coûtent pas grand-chose,
Alors qu'à leur effet un pareil *si* s'oppose ;
Mais vous seriez bien pris, si quelque évènement
Allait mettre à l'épreuve un si doux compliment.

ASCAGNE

Point du tout ; je vous dis que régnant dans votre âme,
Je voudrais de bon cœur couronner votre flamme.

28

VALÈRE

Et si c'était quelqu'une où par votre secours
Vous pussiez être utile au bonheur de mes jours ?

ASCAGNE

Je pourrais assez mal répondre à votre attente.

VALÈRE

Cette confession n'est pas fort obligeante.

ASCAGNE

Eh quoi ? vous voudriez, Valère, injustement,
Qu'étant fille, et mon cœur vous aimant tendrement,
Je m'allasse engager avec une promesse
De servir vos ardeurs pour quelque autre maîtresse ?
Un si pénible effort, pour moi, m'est interdit.

VALÈRE

Mais cela n'étant pas ?

ASCAGNE

Ce que je vous ai dit,
Je l'ai dit comme fille, et vous le devez prendre
Tout de même.

VALÈRE

Ainsi donc il ne faut rien pré tendre,
Ascagne, à des bontés que vous auriez pour nous,
À moins que le Ciel fasse un grand miracle en vous.
Bref, si vous n'êtes fille, adieu votre tendresse :
Il ne vous reste rien qui pour nous s'intéresse.

ASCAGNE

J'ai l'esprit délicat plus qu'on ne peut penser,
Et le moindre scrupule a de quoi m'offenser.
Quand il s'agit d'aimer. Enfin je suis sincère :

29

Je ne m'engage point à vous servir, Valère,
Si vous ne m'assurez au moins absolument
Que vous gardez pour moi le même sentiment,
Que pareille chaleur d'amitié vous transporte,
Et que si j'étais fille, une flamme plus forte
N'outragerait point celle où je vivrais pour vous.

VALÈRE

Je n'avais jamais vu ce scrupule jaloux ;
Mais, tout nouveau qu'il est, ce mouvement m'oblige,
Et je vous fais ici tout l'aveu qu'il exige.

ASCAGNE

Mais sans fard ?

VALÈRE

Oui, sans fard.

ASCAGNE

S'il est vrai, désormais
Vos intérêts seront, les miens, je vous promets.

VALÈRE

J'ai bientôt à vous dire un important mystère,
Où l'effet de ces mots me sera nécessaire.

ASCAGNE

Et j'ai quelque secret de même à vous ouvrir,
Où votre cœur pour moi se pourra découvrir.

VALÈRE

Eh ! de quelle façon cela pourrait-il être ?

ASCAGNE

C'est que j'ai de l'amour qui n'oserait paraître ;
Et vous pourriez avoir sur l'objet de mes vœux
Un empire à pouvoir rendre mon sort heureux.

VALÈRE

Expliquez-vous, Ascagne, et croyez, par avance,
Que votre heur est certain, s'il est en ma puissance.

ASCAGNE

Vous promettez ici plus que vous ne croyez.

VALÈRE

Non, non : dites l'objet pour qui vous m'employez.

ASCAGNE

Il n'est pas encore temps ; mais c'est une personne
Qui vous touche de près.

VALÈRE

                                    Votre discours m'étonne.
Plût à Dieu que ma sœur…

ASCAGNE

                                    Ce n'est pas la saison
De m'expliquer, vous dis-je.

VALÈRE

                                    Et pourquoi ?

ASCAGNE

                                    Pour raison.
Vous saurez mon secret, quand je saurai le vôtre.

VALÈRE

J'ai besoin pour cela de l'aveu de quelque autre.

ASCAGNE

Ayez-le donc ; et lors nous expliquant nos vœux,
Nous verrons qui tiendra mieux parole des deux.

VALÈRE

Adieu, j'en suis content.

ASCAGNE

Et moi content, Valère.

FROSINE

Il croit trouver en vous l'assistance d'un frère.

Scène III

Frosine, Ascagne, Marinette, Lucile.

LUCILE

C'en est fait : c'est ainsi que je me puis venger ;
Et si cette action a de quoi l'affliger
C'est toute la douceur que mon cœur s'y propose.
Mon frère, vous voyez une métamorphose :
Je veux chérir Valère après tant de fierté,
Et mes vœux maintenant tournent de son côté.

ASCAGNE

Que dites-vous, ma sœur ? Comment ? courir au change !
Cette inégalité me semble trop étrange.

LUCILE

La vôtre me surprend avec plus de sujet :
De vos soins autrefois Valère était l'objet ;
Je vous ai vu pour lui m'accuser de caprice,
D'aveugle cruauté, d'orgueil et d'injustice :
Et quand je veux l'aimer, mon dessein vous déplaît,
Et je vous vois parler contre son intérêt !

ASCAGNE

Je le quitte, ma sœur, pour embrasser le vôtre :
Je sais qu'il est rangé dessous les lois d'un autre,
Et ce serait un trait honteux à vos appas,
Si vous le rappeliez et qu'il ne revînt pas.

LUCILE

Si ce n'est que cela, j'aurai soin de ma gloire ;
Et je sais, pour son cœur, tout ce que j'en dois croire :
Il s'explique à mes yeux intelligiblement.
Ainsi découvrez-lui sans peur mon sentiment,
Ou si vous refusez de le faire, ma bouche

Lui va faire savoir que son ardeur me touche.
Quoi ? mon frère, à ces mots vous restez interdit ?

ASCAGNE

Ha ! ma sœur, si sur vous je puis avoir crédit,
Si vous êtes sensible aux prières d'un frère,
Quittez un tel dessein, et n'ôtez point Valère
Aux vœux d'un jeune objet dont l'intérêt m'est cher,
Et qui, sur ma parole, a droit de vous toucher.
La pauvre infortunée aime avec violence ;
À moi seul de ses feux elle fait confidence,
Et je vois dans son cœur de tendres mouvements
À dompter la fierté des plus durs sentiments.
Oui, vous auriez pitié de l'état de son âme,
Connaissant de quel coup vous menacez sa flamme,
Et je ressens si bien la douleur qu'elle aura,
Que je suis assuré, ma sœur, qu'elle en mourra ,
Si vous lui dérobez l'amant qui peut lui plaire.
Éraste est un parti qui doit vous satisfaire,
Et des feux mutuels

LUCILE

                                        Mon frère, c'est assez :
Je ne sais point pour qui vous vous intéressez ;
Mais, de grâce, cessons ce discours, je vous prie,
Et me laissez un peu dans quelque rêverie.

ASCAGNE

Allez, cruelle sœur, vous me désespérez,
Si vous effectuez vos desseins déclarés.

Scène IV

Marinette, Lucile.

MARINETTE

La résolution, Madame, est assez prompte.

LUCILE

Un cœur ne pèse rien alors que l'on l'affronte ;
Il court à sa vengeance, et saisit promptement
Tout ce qu'il croit servir à son ressentiment.
Le traître ! faire voir cette insolence extrême !

MARINETTE

Vous m'en voyez encore toute hors de moi-même ;
Et quoique là-dessus je rumine sans fin,
L'aventure me passe, et j'y perds mon latin.
Car enfin, aux transports d'une bonne nouvelle
Jamais cœur ne s'ouvrit d'une façon plus belle ;
De l'écrit obligeant le sien tout transporté
Ne me donnait pas moins que de la déité ;
Et cependant jamais, à cet autre message,
Fille ne fut traitée avec tant d'outrage.
Je ne sais, pour causer de si grands changements.
Ce qui s'est pu passer entre ces courts moments.

LUCILE

Rien ne s'est pu passer dont il faille être en peine,
Puisque rien ne le doit défendre de ma haine.
Quoi ? tu voudrais chercher hors de sa lâcheté
La secrète raison de cette indignité ?
Cet écrit malheureux, dont mon âme s'accuse,
Peut-il à son transport souffrir la moindre excuse ?

MARINETTE

En effet, je comprends que vous avez raison,
Et que cette querelle est pure trahison :

35

Nous en tenons, Madame. Et puis prêtons l'oreille
Aux bons chiens de pendards qui nous chantent merveille,
Qui pour nous accrocher feignent tant de langueur !
Laissons à leurs beaux mots fondre notre rigueur,
Rendons-nous à leurs vœux, trop faibles que nous sommes !
Foin de notre sottise, et peste soit des hommes !

LUCILE

Eh bien, bien ! qu'il s'en vante et rie à nos dépens :
Il n'aura pas sujet d'en triompher longtemps ;
Et je lui ferai voir qu'en une âme bien faite
Le mépris suit de près la faveur qu'on rejette.

MARINETTE

Au moins, en pareil cas, est-ce un bonheur bien doux
Quand on sait qu'on n'a point d'avantage sur vous.
Marinette eut bon nez, quoi qu'on en puisse dire,
De ne permettre rien un soir qu'on voulait rire.
Quelque autre, sous espoir de matrimonion,
Aurait ouvert l'oreille à la tentation ;
Mais moi, *nescio vos*

LUCILE

                                        Que tu dis de folies,
Et choisis mal ton temps pour de telles saillies !
Enfin je suis touchée au cœur sensiblement ;
Et si jamais celui de ce perfide amant,
Par un coup de bonheur, dont j'aurais tort, je pense,
De vouloir à présent concevoir l'espérance
(Car le Ciel a trop pris plaisir à m'affliger,
Pour me donner celui de me pouvoir venger),
Quand, dis-je, par un sort à mes désirs propice,
Il reviendrait m'offrir sa vie en sacrifice,
Détester à mes pieds l'action d'aujourd'hui,
Je te défends surtout de me parler pour lui :
Au contraire, je veux que ton zèle s'exprime
À me bien mettre aux yeux la grandeur de son crime ;

Et même, si mon cœur était pour lui tenté
De descendre jamais à quelque lâcheté,
Que ton affection me soit alors sévère,
Et tienne comme il faut la main à ma colère.

MARINETTE

Vraiment, n'ayez point peur, et laissez faire à nous :
J'ai pour le moins autant de colère que vous ;
Et je serais plutôt fille toute ma vie,
Que mon gros traître aussi me redonnât envie.
S'il vient….

Scène V

Marinette, Lucile, Albert.

ALBERT

Rentrez, Lucile, et me faites venir
Le précepteur : je veux un peu l'entretenir,
Et m'informer de lui, qui me gouverne Ascagne,
S'il sait point quel ennui depuis peu l'accompagne.
(Il continue seul.)
En quel gouffre de soins et de perplexité
Nous jette une action faite sans équité !
D'un enfant supposé par mon trop d'avarice
Mon cœur depuis longtemps souffre bien le supplice.
Et quand je vois les maux où je me suis plongé,
Je voudrais à ce bien n'avoir jamais songé.
Tantôt je crains de voir par la fourbe éventée
Ma famille en opprobre et misère jetée ;
Tantôt pour ce fils-là, qu'il me faut conserver,
Je crains cent accidents qui peuvent arriver.
S'il advient que dehors quelque affaire m'appelle,
J'appréhende au retour cette triste nouvelle :
« Las ! vous ne savez pas ? vous l'a-t-on annoncé ?
Votre fils a la fièvre, ou jambe, ou bras cassé. »
Enfin, à tous moments, sur quoi que je m'arrête,
Cent sortes de chagrins me roulent par la tête
Ha !

Scène VI

Albert, Métaphraste.

MÉTAPHRASTE

Mandatum tuum curo diligenter.

ALBERT

Maître, j'ai voulu

MÉTAPHRASTE

Maître est dit *a magister* :
C'est comme qui dirait trois fois plus grand

ALBERT

Je meure,
Si je savais cela : mais soit, à la bonne heure !
Maître donc....

MÉTAPHRASTE

Poursuivez.

ALBERT

Je veux poursuivre aussi ;
Mais ne poursuivez point, vous, d'interrompre ainsi.
Donc, encore une fois, maître (c'est la troisième),
Mon fils me rend chagrin ; vous savez, que je l'aime,
Et que soigneusement je l'ai toujours nourri.

MÉTAPHRASTE

Il est vrai : *filio non potest præferri*
Nisi filius.

ALBERT

Maître, en discourant ensemble,
Ce jargon n'est pas fort nécessaire, me semble.
Je vous crois grand latin et grand docteur juré :

39

Je m'en rapporte à ceux qui m'en ont assuré ;
Mais dans un entretien qu'avec vous je destine
N'allez point déployer toute votre doctrine,
Faire le pédagogue, et cent mots me cracher,
Comme si vous étiez en chaire pour prêcher.
Mon père, quoiqu'il eût la tête des meilleures,
Ne m'a jamais rien fait apprendre que mes heures,
Qui depuis cinquante ans dites journellement
Ne sont encore pour moi que du haut allemand.
Laissez donc en repos votre science auguste,
Et que votre langage à mon faible s'ajuste.

MÉTAPHRASTE

Soit.

ALBERT

À mon fils, l'hymen semble lui faire, peur,
Et sur quelque parti que je sonde son cœur,
Pour un pareil lien il est froid, et recule.

MÉTAPHRASTE

Peut-être a-t-il l'humeur du frère de Marc Tulle,
Dont avec Atticus le même fait sermon ;
Et comme aussi les Grecs disent : « *Atanaton….* »

ALBERT

Mon Dieu ! maître éternel, laissez là, je vous prie,
Les Grecs, les Albanois, avec l'Esclavonie,
Et tous ces autres gens dont vous venez parler :
Eux et mon fils n'ont rien ensemble à démêler.

MÉTAPHRASTE

Eh bien donc, votre fils ?

ALBERT

Je ne sais si dans l'âme
Il ne sentirait point une secrète flamme :

40

Quelque chose le trouble, ou je suis fort déçu ;
Et je l'aperçus hier, sans en être aperçu,
Dans un recoin du bois où nul ne se retire.

MÉTAPHRASTE

Dans un lieu reculé du bois, voulez-vous dire,
Un endroit écarté, *latine, secessus* ;
Virgile l'a dit : *Est in secessu locus*….

ALBERT

Comment aurait-il pu l'avoir dit, ce Virgile,
Puisque je suis certain que dans ce lieu tranquille
Âme du monde enfin n'était lors que nous deux ?

MÉTAPHRASTE

Virgile est nommé là comme un auteur fameux
D'un terme plus choisi que le mot que vous dites,
Et non, comme témoin de ce que hier vous vîtes.

ALBERT

Et moi, je vous dis, moi, que je n'ai pas besoin
De terme plus choisi, d'auteur ni de témoin,
Et qu'il suffit ici de mon seul témoignage.

MÉTAPHRASTE

Il faut choisir pourtant les mots mis en usage
Par les meilleurs auteurs : *Tu vivendo bonos*,
Comme on dit, *scribendo sequare peritos*.

ALBERT

Homme ou démon, veux-tu m'entendre sans conteste ?

MÉTAPHRASTE

Quintilien en fait le précepte.

ALBERT

La peste
Soit du causeur !

41

MÉTAPHRASTE

Et dit là-dessus doctement

Un mot que vous serez bien aise assurément

D'entendre.

ALBERT

Je serai le diable qui t'emporte,

Chien d'homme ! Oh ! que je suis tenté d'étrange sorte

De faire sur ce mufle une application !

MÉTAPHRASTE

Mais qui cause, Seigneur, votre inflammation ?

Que voulez-vous de moi ?

ALBERT

Je veux que l'on m'écoute,

Vous ai-je dit vingt fois, quand je parle.

MÉTAPHRASTE

Ha ! sans doute !

Vous serez satisfait, s'il ne tient qu'à cela :

Je me tais.

ALBERT

Vous ferez sagement.

MÉTAPHRASTE

Me voilà

Tout prêt de vous ouïr.

ALBERT

Tant mieux.

MÉTAPHRASTE

Que je trépasse,

Si je dis plus mot.

ALBERT

Dieu vous en fasse la grâce.

MÉTAPHRASTE

Vous n'accuserez point mon caquet désormais.

ALBERT

Ainsi soit-il !

MÉTAPHRASTE

Parlez quand vous voudrez.

ALBERT

J'y vais.

MÉTAPHRASTE

Et n'appréhendez plus l'interruption nôtre.

ALBERT

C'est assez dit.

MÉTAPHRASTE

Je suis exact plus qu'aucun autre.

ALBERT

Je le crois.

MÉTAPHRASTE

J'ai promis que je ne dirais rien .

ALBERT

Suffit.

MÉTAPHRASTE

Dès à présent je suis muet.

ALBERT

Fort bien.

MÉTAPHRASTE

Parlez, courage ! au moins, je vous donne audience ;
Vous ne vous plaindrez pas de mon peu de silence :
Je ne desserre pas la bouche seulement.

43

ALBERT

Le traître !

MÉTAPHRASTE

Mais, de grâce, achevez vitement :
Depuis longtemps j'écoute ; il est bien raisonnable
Que je parle à mon tour.

ALBERT

Donc, bourreau détestable

MÉTAPHRASTE

Eh ! bon Dieu ! voulez-vous que j'écoute à jamais ?
Partageons le parler, au moins, ou je m'en vais .

ALBERT

Ma patience est bien

MÉTAPHRASTE

Quoi ? voulez-vous poursuivre ?
Ce n'est pas encore fait ? *Per Jovem* ! je suis ivre.

ALBERT

Je n'ai pas dit….

MÉTAPHRASTE

Encore ? Bon Dieu ! que de discours !
Rien n'est-il suffisant d'en arrêter le cours ?

ALBERT

J'enrage.

MÉTAPHRASTE

Derechef ? Oh ! l'étrange torture !
Eh ! laissez-moi parler un peu, je vous conjure :
Un sot qui ne dit mot ne se distingue pas
D'un savant qui se tait.

ALBERT, *s'en allant*

Parbleu, tu te tairas !

MÉTAPHRASTE

D'où vient fort à propos cette sentence expresse
D'un philosophe : « Parle, afin qu'on te connaisse. »
Donc, si de parler le pouvoir m'est ôté,
Pour moi, j'aime autant perdre aussi l'humanité,
Et changer mon essence en celle d'une bête.
Me voilà pour huit jours avec un mal de tête.
Oh ! que les grands parleurs sont par moi détestés !
Mais quoi ? si les savants ne sont point écoutés,
Si l'on veut que toujours ils aient la bouche close,
Il faut donc renverser l'ordre de chaque chose :
Que les poules dans peu dévorent les renards,
Que les jeunes enfants remontrent aux vieillards,
Qu'à poursuivre les loups les agnelets s'ébattent,
Qu'un fou fasse les lois, que les femmes combattent,
Que par les criminels les juges soient jugés
Et par les écoliers les maîtres fustigés,
Que le malade au sain présente le remède,
Que le lièvre craintif... Miséricorde ! à l'aide !

(Albert lui vient sonner aux oreilles une cloche qui le fait fuir.)

Acte III

Scène première

Mascarille.

Le Ciel parfois seconde un dessein téméraire,
Et l'on sort comme on peut d'une méchante affaire.
Pour moi, qu'une imprudence a trop fait discourir,
Le remède plus prompt où j'ai su recourir,
C'est de pousser ma pointe et dire en diligence
À notre vieux patron toute la manigance.
Son fils, qui m'embarrasse, est un évaporé ;
L'autre, diable ! disant ce que j'ai déclaré,
Gare une irruption sur notre friperie !
Au moins, avant qu'on puisse échauffer sa furie,
Quelque chose de bon nous pourra succéder,
Et les vieillards entre eux se pourront accorder :
C'est ce qu'on va tenter ; et de la part du nôtre,
Sans perdre un seul moment, je m'en vais trouver l'autre.

Scène II

Mascarille, Albert.

ALBERT

Qui frappe ?

MASCARILLE

Amis :

ALBERT

Ho ! ho ! qui te peut amener,
Mascarille ?

MASCARILLE

Je viens, Monsieur, pour vous donner
Le bonjour.

ALBERT

Ha ! vraiment, tu prends beaucoup de peine.
De tout mon cœur, bonjour.

MASCARILLE

La réplique est soudaine.
Quel homme brusque !

ALBERT

Encore ?

MASCARILLE

Vous n'avez pas ouï,
Monsieur.

ALBERT

Ne m'as-tu pas donné le bonjour ?

MASCARILLE

Oui.

ALBERT

Eh bien ! bonjour, te dis-je.

MASCARILLE

Oui, mais je viens encore
Vous saluer au nom du seigneur Polydore.

ALBERT

Ha ! c'est un autre fait. Ton maître t'a chargé
De me saluer ?

MASCARILLE

Oui.

ALBERT

Je lui suis obligé.
Va : que je lui souhaite une joie infinie.

MASCARILLE

Cet homme est ennemi de la cérémonie.
Je n'ai pas achevé, Monsieur, son compliment :
Il voudrait vous prier d'une chose instamment.

ALBERT

Eh bien ! quand il voudra, je suis à son service.

MASCARILLE

Attendez, et souffrez qu'en deux mots je finisse :
Il souhaite un moment pour vous entretenir
D'une affaire importante, et doit ici venir.

ALBERT

Eh ! quelle est-elle encore l'affaire qui l'oblige
À me vouloir parler ?

MASCARILLE

Un grand secret, vous dis-je,
Qu'il vient de découvrir en ce même moment,

48

Et qui, sans doute, importe à tous deux grandement.
Voilà mon ambassade.

Scène III

Albert.

Oh ! juste Ciel, je tremble !
Car enfin nous avons peu de commerce ensemble.
Quelque tempête va renverser mes desseins,
Et ce secret, sans doute, est celui que je crains.
L'espoir de l'intérêt m'a fait quelque infidèle,
Et voilà sur ma vie une tache éternelle :
Ma fourbe est découverte. Oh ! que la vérité
Se peut cacher longtemps avec difficulté,
Et qu'il eût mieux valu pour moi, pour mon estime,
Suivre les mouvements d'une peur légitime,
Par qui je me suis vu tenté plus de vingt fois
De rendre à Polydore un bien que je lui dois,
De prévenir l'éclat où ce coup-ci m'expose,
Et faire qu'en douceur passât toute la chose !
Mais, hélas ! c'en est fait, il n'est plus de saison
Et ce bien, par la fraude entré dans ma maison,
N'en sera point tiré, que dans cette sortie
Il n'entraîne du mien la meilleure partie.

Scène IV

Albert, Polydore.

POLYDORE

S'être ainsi marié sans qu'on en ait su rien !
Puisse cette action se terminer à bien !
Je ne sais qu'en attendre, et je crains fort du père
Et la grande richesse et la juste colère.
Mais je l'aperçois seul.

ALBERT

Dieu ! Polydore vient !

POLYDORE

Je tremble à l'aborder.

ALBERT

La crainte me retient.

POLYDORE

Par où lui débuter ?

ALBERT

Quel sera mon langage ?

POLYDORE

Son âme est toute émue.

ALBERT

Il change de visage.

POLYDORE

Je vois, seigneur Albert, au trouble de vos yeux,
Que vous savez déjà qui m'amène en ces lieux.

ALBERT

Hélas ! oui.

51

POLYDORE

La nouvelle a droit de vous surprendre,
Et je n'eusse pas cru ce que je viens d'apprendre.

ALBERT

J'en dois rougir de honte et de confusion.

POLYDORE

Je treuve condamnable une telle action,
Et je ne prétends point excuser le coupable.

ALBERT

Dieu fait miséricorde au pécheur misérable.

POLYDORE

C'est ce qui doit par vous être considéré.

ALBERT

Il faut être chrétien.

POLYDORE

Il est très assuré.

ALBERT

Grâce au nom de Dieu, grâce, ô seigneur Polydore !

POLYDORE

Eh ! c'est moi qui de vous présentement l'implore.

ALBERT

Afin de l'obtenir je me jette à genoux.

POLYDORE

Je dois en cet état être plutôt que vous.

ALBERT

Prenez quelque pitié de ma triste aventure.

POLYDORE

Je suis le suppliant dans une telle injure.

ALBERT

Vous me fendez le cœur avec cette bonté.

POLYDORE

Vous me rendez confus de tant d'humilité.

ALBERT

Pardon, encore un coup.

POLYDORE

Hélas ! pardon vous-même.

ALBERT

J'ai de cette action une douleur extrême.

POLYDORE

Et moi, j'en suis touché de même au dernier point.

ALBERT

J'ose vous convier qu'elle n'éclate point.

POLYDORE

Hélas ! seigneur Albert, je ne veux autre chose.

ALBERT

Conservons mon honneur.

POLYDORE

Eh ! oui, je m'y dispose.

ALBERT

Quant au bien qu'il faudra, vous-même en résoudrez.

POLYDORE

Je ne veux de vos biens que ce que vous voudrez :
De tous ces intérêts je vous ferai le maître ;
Et je suis trop content si vous le pouvez être.

ALBERT

Eh ! quel homme de Dieu ! quel excès de douceur !

POLYDORE

Quelle douceur, vous-même : après un tel malheur !

ALBERT

Que puissiez-vous avoir toutes choses prospères !

POLYDORE

Le bon Dieu vous maintienne !

ALBERT

Embrassons-nous en frères.

POLYDORE

J'y consens de grand cœur, et me réjouis fort
Que tout soit terminé par un heureux accord.

ALBERT

J'en rends grâces au Ciel.

POLYDORE

Il ne vous faut rien feindre :
Votre ressentiment me donnait lieu de craindre ;
Et Lucile tombée en faute avec mon fils,
Comme on vous voit puissant et de biens et d'amis….

ALBERT

Heu ! que parlez-vous là de faute et de Lucile ?

POLYDORE

Soit, ne commençons point un discours inutile.
Je veux bien que mon fils y trempe grandement ;
Même, si cela fait à votre allégement,
J'avouerai qu'à lui seul en est toute la faute ;
Que votre fille avait une vertu trop haute

54

Pour avoir jamais fait ce pas contre l'honneur,
Sans l'incitation d'un méchant suborneur ;
Que le traître a séduit sa pudeur innocente,
Et de votre conduite ainsi détruit l'attente.
Puisque la chose est faite, et que selon mes vœux
Un esprit de douceur nous met d'accord tous deux,
Ne ramentevons rien, et réparons l'offense
Par la solennité d'une heureuse alliance.

ALBERT

Oh ! Dieu ! quelle méprise ! et qu'est-ce qu'il m'apprend ?
Je rentre ici d'un trouble en un autre aussi grand.
Dans ces divers transports je ne sais que répondre ;
Et si je dis un mot, j'ai peur de me confondre.

POLYDORE

À quoi pensez-vous là, seigneur Albert ?

ALBERT

À rien.

Remettons, je vous prie, à tantôt l'entretien :
Un mal subit me prend, qui veut que je vous laisse.

Scène V

Polydore.

Je lis dedans son âme et vois ce qui le presse.
À quoi que sa raison l'eût déjà disposé,
Son déplaisir n'est pas encore tout apaisé ;
L'image de l'affront lui revient, et sa fuite
Tâche à me déguiser le trouble qui l'agite.
Je prends part à sa honte, et son deuil m'attendrit.
Il faut qu'un peu de temps remette son esprit :
La douleur trop contrainte aisément se redouble.
Voici mon jeune fou, d'où nous vient tout ce trouble.

Scène VI

Polydore, Valère.

POLYDORE

Enfin, le beau mignon, vos bons déportements
Troubleront les vieux jours d'un père à tous moments ;
Tous les jours vous ferez de nouvelles merveilles,
Et nous n'aurons jamais autre chose aux oreilles.

VALÈRE

Que fais-je tous les jours qui soit si criminel ?
En quoi mériter tant le courroux paternel ?

POLYDORE

Je suis un étrange homme, et d'une humeur terrible,
D'accuser un enfant si sage et si paisible !
Las ! il vit comme un saint, et dedans la maison
Du matin jusqu'au soir il est en oraison.
Dire qu'il pervertit l'ordre de la nature.
Et fait du jour la nuit, oh ! la grande imposture !
Qu'il n'a considéré père ni parenté
En vingt occasions, horrible fausseté !,
Que de fraîche mémoire un furtif hyménée
À la fille d'Albert a joint sa destinée,
Sans craindre de la suite un désordre puissant :
On le prend pour un autre, et le pauvre innocent
Ne sait pas seulement ce que je lui veux dire !
Ha ! chien ! que j'ai reçu du ciel pour mon martyre,
Te croiras-tu toujours et ne pourrai-je pas
Te voir être une fois sage avant mon trépas ?

VALÈRE, *seul*

D'où peut venir ce coup ? mon âme embarrassée
Ne voit que Mascarille où jeter sa pensée.
Il ne sera pas homme à m'en faire un aveu :

Il faut user d'adresse, et me contraindre un peu
Dans ce juste courroux.

Scène VII

Mascarille, Valère.

VALÈRE

Mascarille, mon père,
Que je viens de trouver, sait toute notre affaire.

MASCARILLE

Il la sait ?

VALÈRE

Oui.

MASCARILLE

D'où diantre a-t-il pu la savoir ?

VALÈRE

Je ne sais point sur qui ma conjecture asseoir ;
Mais enfin d'un succès cette affaire est suivie
Dont j'ai tous les sujets d'avoir l'âme ravie.
Il ne m'en a pas dit un mot qui fût fâcheux,
Il excuse ma faute, il approuve mes feux ;
Et je voudrais savoir qui peut être capable
D'avoir pu rendre ainsi son esprit si traitable.
Je ne puis t'exprimer l'aise que j'en reçois.

MASCARILLE

Et que me diriez-vous, Monsieur, si c'était moi
Qui vous eût procuré cette heureuse fortune ?

VALÈRE

Bon ! bon ! tu voudrais bien ici m'en donner d'une.

MASCARILLE

C'est moi, vous dis-je, moi dont le patron le sait,
Et qui vous ai produit ce favorable effet.

VALÈRE

Mais, là, sans te railler ?

MASCARILLE

Que le diable m'emporte
Si je fais raillerie, et s'il n'est de la sorte !

VALÈRE

Et qu'il m'entraîne, moi, si tout présentement
Tu n'en vas recevoir le juste payement !

MASCARILLE

Ha ! Monsieur, qu'est-ce ci ? Je défends la surprise.

VALÈRE

C'est la fidélité que tu m'avais promise ?
Sans ma feinte, jamais tu n'eusses avoué
Le trait que j'ai bien cru que tu m'avais joué.
Traître, de qui la langue à causer trop habile
D'un père contre moi vient d'échauffer la bile,
Qui me perds tout à fait, il faut, sans discourir,
Que tu meures.

MASCARILLE

Tout beau : mon âme, pour mourir,
N'est pas en bon état. Daignez, je vous conjure,
Attendre le succès qu'aura cette aventure.
J'ai de fortes raisons qui m'ont fait révéler
Un hymen que vous-même aviez peine à celer :
C'était un coup d'État, et vous verrez l'issue
Condamner la fureur que vous avez conçue.
De quoi vous fâchez-vous ? pourvu que vos souhaits
Se trouvent par mes soins pleinement satisfaits,
Et voyent mettre à fin la contrainte où vous êtes ?

VALÈRE

Et si tous ces discours ne sont que des sornettes ?

MASCARILLE

Toujours serez-vous lors à temps pour me tuer.
Mais enfin mes projets pourront s'effectuer :
Dieu fera pour les siens ; et content dans la suite,
Vous me remercierez de ma rare conduite.

VALÈRE

Nous verrons. Mais Lucile….

MASCARILLE

Alte ! son père sort.

Scène VIII

Valère, Albert, Mascarille.

ALBERT

Plus je reviens du trouble où j'ai donné d'abord,
Plus je me sens piqué de ce discours étrange,
Sur qui ma peur prenait un si dangereux change ;
Car Lucile soutient que c'est une chanson,
Et m'a parlé d'un air à m'ôter tout soupçon.
Ha ! Monsieur, est-ce vous, de qui l'audace insigne
Met en jeu mon honneur, et fait ce conte indigne ?

MASCARILLE

Seigneur Albert, prenez un ton un peu plus doux,
Et contre votre gendre ayez moins de courroux.

ALBERT

Comment gendre, coquin ? Tu portes bien la mine
De pousser les ressorts d'une telle machine,
Et d'en avoir été le premier inventeur.

MASCARILLE

Je ne vois ici rien à vous mettre en fureur.

ALBERT

Trouves-tu beau, dis-moi, de diffamer ma fille,
Et faire un tel scandale à toute une famille ?

MASCARILLE

Le voilà prêt de faire en tout vos volontés.

ALBERT

Que voudrais-je sinon qu'il dit des vérités ?
Si quelque intention le pressait pour Lucile,
La recherche en pouvait être honnête et civile :
Il fallait l'attaquer du côté du devoir,

Il fallait de son père implorer le pouvoir,
Et non pas recourir à cette lâche feinte,
Qui porte à la pudeur une sensible atteinte.

MASCARILLE

Quoi ? Lucile n'est pas sous des liens secrets
À mon maître ?

ALBERT

Non, traître, et n'y sera jamais,

MASCARILLE

Tout doux ! Et s'il est vrai que ce soit chose faite,
Voulez-vous l'approuver, cette chaîne secrète ?

ALBERT

Et s'il est constant, toi, que cela ne soit pas,
Veux-tu te voir casser les jambes et les bras ?

VALÈRE

Monsieur, il est aisé de vous faire paraître
Qu'il dit vrai.

ALBERT

Bon ! voilà l'autre encore, digne maître
D'un semblable valet ! Oh ! les menteurs hardis !

MASCARILLE

D'homme d'honneur, il est ainsi que je le dis.

VALÈRE

Quel serait notre but de vous en faire accroire ?

ALBERT

Ils s'entendent tous deux comme larrons en foire.

MASCARILLE

Mais venons à la preuve, et sans nous quereller,
Faites sortir Lucile et la laissez parler.

ALBERT

Et si le démenti par elle vous en reste ?

MASCARILLE

Elle n'en fera rien, Monsieur, je vous proteste.
Promettez à leurs vœux votre consentement,
Et je veux m'exposer au plus dur châtiment,
Si de sa propre bouche elle ne vous confesse
Et la foi qui l'engage et l'ardeur qui la presse.

ALBERT

Il faut voir cette affaire.

MASCARILLE

Allez, tout ira bien.

ALBERT

Holà ! Lucile, un mot.

VALÈRE

Je crains

MASCARILLE

Ne craignez rien.

Scène IX

Valère, Albert, Mascarille, Lucile.

MASCARILLE

Seigneur Albert, au moins, silence. Enfin, Madame,
Toute chose conspire au bonheur de votre âme,
Et Monsieur votre père, averti de vos feux,
Vous laisse votre époux et, confirme vos vœux,
Pourvu que bannissant toutes craintes frivoles,
Deux mots de votre aveu confirment nos paroles.

LUCILE

Que me vient donc conter ce coquin assuré ?

MASCARILLE

Bon ! me voilà déjà d'un beau titre honoré.

LUCILE

Sachons un peu. Monsieur, quelle belle saillie
Fait ce conte galand qu'aujourd'hui l'on publie.

VALÈRE

Pardon, charmant objet, un valet a parlé,
Et j'ai vu malgré moi notre hymen révélé.

LUCILE

Notre hymen ?

VALÈRE

On sait tout, adorable Lucile,
Et vouloir déguiser est un soin inutile.

LUCILE

Quoi ? l'ardeur de mes feux vous a fait mon époux ?

VALÈRE

C'est un bien qui me doit faire mille jaloux ;
Mais j'impute bien moins ce bonheur de ma flamme

À l'ardeur de vos feux qu'aux bontés de votre âme.
Je sais que vous avez sujet de vous fâcher,
Que c'était un secret que vous vouliez cacher ;
Et j'ai de mes transports forcé la violence
À ne point violer votre expresse défense ;
Mais....

MASCARILLE

Eh bien ! oui, c'est moi : le grand mal que voilà !

LUCILE

Est-il une imposture égale à celle-là ?
Vous l'osez soutenir en ma présence même,
Et pensez m'obtenir par ce beau stratagème ?
Oh ! le plaisant amant, dont la galante ardeur
Veut blesser mon honneur au défaut de mon cœur,
Et que mon père, ému de l'éclat d'un sot conte,
Paye avec mon hymen qui me couvre de honte !
Quand tout contribuerait à votre passion :
Mon père, les destins, mon inclination,
On me verrait combattre, en ma juste colère,
Mon inclination, les destins et mon père.
Perdre même le jour, avant que de m'unir
À qui par ce moyen aurait cru m'obtenir.
Allez ; et si mon sexe, avec bienséance,
Se pouvait emporter à quelque violence.
Je vous apprendrais bien à me traiter ainsi.

VALÈRE

C'en est fait, son courroux ne peut être adouci.

MASCARILLE

Laissez-moi lui parler. Eh ! Madame, de grâce,
À quoi bon maintenant toute cette grimace ?
Quelle est votre pensée ? et quel bourru transport
Contre vos propres vœux vous fait roidir si fort ?
Si Monsieur votre père était homme farouche,
Passe ; mais il permet que la raison le touche,

Et lui-même m'a dit qu'une confession
Vous va tout obtenir de son affection.
Vous sentez, je crois bien, quelque petite honte
À faire un libre aveu de l'amour qui vous dompte ;
Mais s'il vous a fait perdre un peu de liberté,
Par un bon mariage on voit tout rajusté ;
Et quoi que l'on reproche au feu qui vous consomme,
Le mal n'est pas si grand, que de tuer un homme.
On sait que la chair est fragile quelquefois,
Et qu'une fille enfin n'est ni caillou ni bois.
Vous n'avez pas été sans doute la première,
Et vous ne serez pas, que je crois, la dernière.

LUCILE

Quoi ? vous pouvez ouïr ces discours effrontés,
Et vous ne dites mot à ces indignités ?

ALBERT

Que veux-tu que je dise ? Une telle aventure
Me met tout hors de moi.

MASCARILLE

                     Madame, je vous jure
Que déjà vous devriez avoir tout confessé.

LUCILE

Et quoi donc confesser ?

MASCARILLE

                  Quoi ? Ce qui s'est passé
Entre mon maître et vous : la belle raillerie !

LUCILE

Et que s'est-il passé, monstre d'effronterie,
Entre ton maître et moi ?

MASCARILLE

                 Vous devez, que je crois,
En savoir un peu plus de nouvelles que moi,

67

Et pour vous cette nuit fut trop douce, pour croire
Que vous puissiez si vite en perdre la mémoire.

LUCILE

C'est trop souffrir, mon père, un impudent valet.

Scène X

Valère, Mascarille, Albert.

MASCARILLE

Je crois qu'elle me vient de donner un soufflet.

ALBERT

Va, coquin, scélérat, sa main vient sur ta joue
De faire une action dont son père la loue.

MASCARILLE

Et nonobstant cela, qu'un diable en cet instant
M'emporte, si j'ai dit rien que de très constant !

ALBERT

Et nonobstant cela, qu'on me coupe une oreille,
Si tu portes fort loin une audace pareille !

MASCARILLE

Voulez-vous deux témoins qui me justifieront ?

ALBERT

Veux-tu deux de mes gens qui te bâtonneront ?

MASCARILLE

Leur rapport doit au mien donner toute créance.

ALBERT

Leurs bras peuvent du mien réparer l'impuissance.

MASCARILLE

Je vous dis que Lucile agit par honte ainsi.

ALBERT

Je te dis que j'aurai raison de tout ceci.

MASCARILLE

Connaissez-vous Ormin, ce gros notaire habile ?

ALBERT

Connais-tu bien Grimpant, le bourreau de la ville ?

MASCARILLE

Et Simon le tailleur, jadis si recherché ?

ALBERT

Et la potence mise au milieu du marché ?

MASCARILLE

Vous verrez confirmer par eux cet hyménée.

ALBERT

Tu verras achever par eux ta destinée.

MASCARILLE

Ce sont eux qu'ils ont pris pour témoins de leur foi.

ALBERT

Ce sont eux qui dans peu me vengeront de toi.

MASCARILLE

Et ces yeux les ont vus s'entredonner parole.

ALBERT

Et ces yeux te verront faire la capriole.

MASCARILLE

Et pour signe, Lucile avait un voile noir.

ALBERT

Et pour signe, ton front nous le fait assez voir .

MASCARILLE

Oh ! l'obstiné vieillard !

ALBERT

                                  Oh ! le fourbe damnable !
Va, rends grâce à mes ans qui me font incapable
De punir sur-le-champ l'affront que tu me fais :
Tu n'en perds que l'attente, et je te le promets.

Scène XI

Valère, Mascarille.

VALÈRE

Eh bien ! ce beau succès que tu devais produire

MASCARILLE

J'entends à demi-mot ce que vous voulez dire :
Tout s'arme contre moi ; pour moi de tous côtés
Je vois coups de bâton et gibets apprêtés.
Aussi, pour être en paix dans ce désordre extrême,
Je me vais d'un rocher précipiter moi-même,
Si dans le désespoir dont mon cœur est outré,
Je puis en rencontrer d'assez haut à mon gré.
Adieu, Monsieur.

VALÈRE

Non, non ; ta fuite est superflue :
Si tu meurs, je prétends que ce soit à ma vue.

MASCARILLE

Je ne saurais mourir quand je suis regardé,
Et mon trépas ainsi se verrait retardé.

VALÈRE

Suis-moi, traître, suis-moi : mon amour en furie
Te fera voir si c'est matière à raillerie.

MASCARILLE

Malheureux Mascarille ! à quels maux aujourd'hui
Te vois-tu condamné pour le péché d'autrui !

Acte IV

Scène première

Ascagne, Frosine.

FROSINE

L'aventure est fâcheuse.

ASCAGNE

Ah ! ma chère Frosine,
Le sort absolument a conclu ma ruine.
Cette affaire, venue au point où la voilà,
N'est pas assurément pour en demeurer là ;
Il faut qu'elle passe outre ; et Lucile et Valère,
Surpris des nouveautés d'un semblable mystère,
Voudront chercher un jour dans ces obscurités
Par qui tous mes projets se verront avortés.
Car enfin, soit qu'Albert ait part au stratagème,
Ou qu'avec tout le monde on l'ait trompé lui-même.
S'il arrive une fois que mon sort éclairci
Mette ailleurs tout le bien dont le sien a grossi,
Jugez s'il aura lieu de souffrir ma présence :
Son intérêt détruit me laisse à ma naissance ;
C'est fait de sa tendresse ; et quelque sentiment
Où pour ma fourbe alors pût être mon amant,
Voudra-t-il avouer pour épouse une fille
Qu'il verra sans appui de biens et de famille ?

FROSINE

Je trouve que c'est là raisonné comme il faut ;
Mais ces réflexions devaient venir plus tôt.
Qui vous a jusqu'ici caché cette lumière ?
Il ne fallait pas être une grande sorcière

73

Pour voir, dès le moment de vos desseins pour lui,
Tout ce que votre esprit ne voit que d'aujourd'hui :
L'action le disait, et dès que je l'ai sue,
Je n'en ai prévu guère une meilleure issue.

ASCAGNE

Que dois-je faire enfin ? Mon trouble est sans pareil.
Mettez-vous en ma place, et me donnez conseil.

FROSINE

Ce doit être à vous-même, en prenant votre place,
À me donner conseil dessus cette disgrâce ;
Car je suis maintenant vous, et vous êtes moi.
Conseillez-moi, Frosine : au point où je me vois,
Quel remède treuver ? Dites, je vous en prie.

ASCAGNE

Hélas ! ne traitez point ceci de raillerie ;
C'est prendre peu de part à mes cuisants ennuis
Que de rire et de voir les termes où j'en suis.

FROSINE

Non vraiment, tout de bon, votre ennui m'est sensible,
Et pour vous en tirer je ferais mon possible ;
Mais que puis-je, après tout ? Je vois fort peu de jour
À tourner cette affaire au gré de votre amour.

ASCAGNE

Si rien ne peut m'aider, il faut donc que je meure.

FROSINE

Ha ! pour cela toujours il est assez bonne heure :
La mort est un remède à trouver quand on veut,
Et l'on s'en doit servir le plus tard que l'on peut.

ASCAGNE

Non, non, Frosine, non ; si vos conseils propices
Ne conduisent mon sort parmi ces précipices,
Je m'abandonne toute aux traits du désespoir.

FROSINE

Savez-vous ma pensée ? Il faut que j'aille voir
La…. Mais Éraste vient, qui pourrait nous distraire.
Nous pourrons en marchant parler de cette affaire :
Allons, retirons-nous.

Scène II

Éraste, Gros-René.

ÉRASTE

Encore rebuté ?

GROS-RENÉ

Jamais ambassadeur ne fut moins écouté :
À peine ai-je voulu lui porter la nouvelle
Du moment d'entretien que vous souhaitiez d'elle,
Qu'elle m'a répondu, tenant son quant-à-moi :
« Va, va, je fais état de lui comme de toi ;
Dis-lui qu'il se promène ; » et sur ce beau langage,
Pour suivre son chemin m'a tourné le visage ;
Et Marinette aussi, d'un dédaigneux museau
Lâchant un « Laisse-nous, beau valet de carreau, »
M'a planté là comme elle : et mon sort et le vôtre
N'ont rien à se pouvoir reprocher l'un à l'autre.

ÉRASTE

L'ingrate ! recevoir avec tant de fierté
Le prompt retour d'un cœur justement emporté !
Quoi ? le premier transport d'un amour qu'on abuse
Sous tant de vraisemblance est indigne d'excuse ?
Et ma plus vive ardeur, en ce moment fatal,
Devait être insensible au bonheur d'un rival ?
Tout autre n'eût pas fait même chose en ma place,
Et se fût moins laissé surprendre à tant d'audace ?
De mes justes soupçons suis-je sorti trop tard ?
Je n'ai point attendu de serments de sa part ;
Et lorsque tout le monde encore ne sait qu'en croire,
Ce cœur impatient lui rend toute sa gloire,
Il cherche à s'excuser ; et le sien voit si peu
Dans ce profond respect la grandeur de mon feu !
Loin d'assurer une âme, et lui fournir des armes

76

Contre ce qu'un rival lui veut donner d'alarmes.
L'ingrate m'abandonne à mon jaloux transport,
Et rejette de moi message, écrit, abord !
Ha ! sans doute, un amour a peu de violence,
Qu'est capable d'éteindre une si faible offense ;
Et ce dépit si prompt à s'armer de rigueur
Découvre assez pour moi tout le fond de son cœur,
Et de quel prix doit être à présent à mon âme
Tout ce dont son caprice a pu flatter ma flamme.
Non, je ne prétends plus demeurer engagé
Pour un cœur où je vois le peu de part que j'ai ;
Et puisque l'on témoigne une froideur extrême
À conserver les gens, je veux faire de même.

GROS-RENÉ

Et moi de même aussi : soyons tous deux fâchés,
Et mettons notre amour au rang des vieux péchés.
Il faut apprendre à vivre à ce sexe volage,
Et lui faire sentir que l'on a du courage.
Qui souffre ses mépris les veut bien recevoir.
Si nous avions l'esprit de nous faire valoir,
Les femmes n'auraient pas la parole si haute.
Oh ! qu'elles nous sont bien fières par notre faute !
Je veux être pendu, si nous ne les verrions
Sauter à notre cou plus que nous ne voudrions,
Sans tous ces vils devoirs dont la plupart des hommes
Les gâtent tous les jours dans le siècle où nous sommes.

ÉRASTE

Pour moi, sur toute chose, un mépris me surprend ;
Et pour punir le sien par un autre aussi grand,
Je veux mettre en mon cœur une nouvelle flamme.

GROS-RENÉ

Et moi, je ne veux plus m'embarrasser de femme :
À toutes je renonce, et crois, en bonne foi,
Que vous feriez fort bien de faire comme moi.

Car, voyez-vous, la femme est, comme on dit, mon maître,
Un certain animal difficile à connaître,
Et de qui la nature est fort encline au mal ;
Et comme un animal est toujours animal,
Et ne sera jamais qu'animal, quand sa vie
Durerait cent mille ans, aussi, sans repartie,
La femme est toujours femme, et jamais ne sera
Que femme, tant qu'entier le monde durera :
D'où vient qu'un certain Grec dit que sa tête passe
Pour un sable mouvant ; car, goûtez bien, de grâce,
Ce raisonnement-ci, lequel est des plus forts :
Ainsi que la tête est comme le chef du corps,
Et que le corps sans chef est pire qu'une bête :
Si le chef n'est pas bien d'accord avec la tête,
Que tout ne soit pas bien réglé par le compas.
Nous *voyons* arriver de certains embarras ;
La partie brutale alors veut prendre empire
Dessus la sensitive, et l'on voit que l'un tire
À dia, l'autre à hurhaut ; l'un demande du mou,
L'autre du dur ; enfin tout va sans savoir où :
Pour montrer qu'ici-bas, ainsi qu'on l'interprète,
La tête d'une femme est comme la girouette
Au haut d'une maison, qui tourne au premier vent.
C'est pourquoi le cousin Aristote souvent
La compare à la mer ; d'où vient qu'on dit qu'au monde
On ne peut rien trouver de si stable que l'onde.
Or, par comparaison (car la comparaison
Nous fait distinctement comprendre une raison,
Et nous aimons bien mieux, nous autres gens d'étude,
Une comparaison qu'une similitude),
Par comparaison donc, mon maître, s'il vous plaît,
Comme on voit que la mer, quand l'orage s'accroît,
Vient à se courroucer ; le vent souffle et ravage,
Les flots contre les flots font un remu-ménage
Horrible ; et le vaisseau, malgré le nautonier,
Va tantôt à la cave, et tantôt au grenier :

Ainsi, quand une femme a sa tête fantasque,
On voit une tempête en forme de bourrasque.
Qui veut compétiter par de certains… propos ;
Et lors un… certain vent, qui par… de certains flots,
De… certaine façon, ainsi qu'un banc de sable….
Quand… Les femmes enfin ne valent pas le diable.

ÉRASTE

C'est fort bien raisonner.

GROS-RENÉ

                                    Assez bien, Dieu merci.
Mais je les vois, Monsieur, qui passent par ici.
Tenez-vous ferme, au moins.

ÉRASTE

                                    Ne te mets pas en peine,

GROS-RENÉ

J'ai bien peur que ses yeux resserrent votre chaîne.

Scène III

Éraste, Lucile, Marinette, Gros-René.

MARINETTE

Je l'aperçois encore ; mais ne vous rendez point.

LUCILE

Ne me soupçonne pas d'être faible à ce point.

MARINETTE

Il vient à nous.

ÉRASTE

                       Non, non, ne croyez pas, Madame,
Que je revienne encore vous parler de ma flamme.
C'en est fait ; je me veux, guérir, et connais bien
Ce que de votre cœur a possédé le mien.
Un courroux si constant pour l'ombre d'une offense
M'a trop bien éclairé de votre indifférence,
Et je dois vous montrer que les traits du mépris
Sont sensibles surtout aux généreux esprits.
Je l'avouerai, mes yeux observaient dans les vôtres
Des charmes qu'ils n'ont point trouvés dans tous les autres.
Et le ravissement où j'étais de mes fers
Les aurait préférés à des sceptres offerts :
Oui, mon amour pour vous, sans doute, était extrême ;
Je vivais tout en vous ; et, je l'avouerai même,
Peut-être qu'après tout j'aurai, quoiqu'outragé,
Assez de peine encore à m'en voir dégagé :
Possible que, malgré la cure qu'elle essaie,
Mon âme saignera longtemps de cette plaie,
Et qu'affranchi d'un joug qui faisait tout mon bien,
Il faudra se résoudre à n'aimer jamais rien ;
Mais enfin il n'importe, et puisque votre haine
Chasse un cœur tant de fois que l'amour vous ramène,

C'est la dernière ici des importunités
Que vous aurez jamais de mes vœux rebutés.

LUCILE

Vous pouvez faire aux miens la grâce toute entière.
Monsieur, et m'épargner encore cette dernière.

ÉRASTE

Eh bien, Madame, eh bien, ils seront satisfaits !
Je romps avec vous, et j'y romps pour jamais,
Puisque vous le voulez : que je perde la vie
Lorsque de vous parler je reprendrai l'envie !

LUCILE

Tant mieux, c'est m'obliger.

ÉRASTE

                  Non, non, n'ayez pas peur
Que je fausse parole : eussé-je un faible cœur
Jusques à n'en pouvoir effacer votre image,
Croyez que vous n'aurez jamais cet avantage
De me voir revenir.

LUCILE

           Ce serait bien en vain.

ÉRASTE

Moi-même de cent coups je percerais mon sein,
Si j'avais jamais fait cette bassesse insigne,
De vous revoir après ce traitement indigne.

LUCILE

Soit, n'en parlons donc plus.

ÉRASTE

                Oui, oui, n'en parlons plus ;
Et pour trancher ici tous propos superflus,
Et vous donner, ingrate, une preuve certaine

Que je veux, sans retour, sortir de votre chaîne,
Je ne veux rien garder qui puisse retracer
Ce que de mon esprit il me faut effacer.
Voici votre portrait : il présente à la vue
Cent charmes merveilleux dont vous êtes pourvue ;
Mais il cache sous eux cent défauts aussi grands,
Et c'est un imposteur enfin que je vous rends.

GROS-RENÉ

Bon.

LUCILE

Et moi, pour vous suivre au dessein de tout rendre,
Voilà le diamant que vous m'aviez fait prendre .

MARINETTE

Fort bien.

ÉRASTE

Il est à vous encore ce bracelet.

LUCILE

Et cette agate à vous, qu'on fit mettre en cachet.

ÉRASTE lit

Vous m'aimez d'une amour extrême,
Éraste, et de mon cœur voulez être éclairci :
Si je n'aime Éraste de même,
Au moins aimé-je fort qu'Éraste m'aime ainsi.

« LUCILE. »

ÉRASTE continue

Vous m'assuriez par là d'agréer mon service ?
C'est une fausseté digne de ce supplice .

LUCILE lit

J'ignore le destin de mon amour ardente,
Et jusqu'à quand je souffrirai ;

82

Mais je sais, ô beauté charmante,
Que toujours je vous aimerai.

« ÉRASTE. »

(Elle continue.)
Voilà qui m'assurait à jamais de vos feux ?
Et la main et la lettre ont menti toutes deux.

GROS-RENÉ

Poussez.

ÉRASTE

Elle est de vous ; suffit : même fortune.

MARINETTE

Ferme.

LUCILE

J'aurais regret d'en épargner aucune.

GROS-RENÉ

N'ayez pas le dernier.

MARINETTE

Tenez bon jusqu'au bout.

LUCILE

Enfin, voilà le reste.

ÉRASTE

Et, grâce au Ciel, c'est tout.
Que sois-je exterminé, si je ne tiens parole !

LUCILE

Me confonde le Ciel, si la mienne est frivole !

ÉRASTE

Adieu donc.

LUCILE

Adieu donc.

MARINETTE

Voilà qui va des mieux.

GROS-RENÉ

Vous triomphez.

MARINETTE

Allons, ôtez-vous de ses yeux.

GROS-RENÉ

Retirez-vous après cet effort de courage.

MARINETTE

Qu'attendez-vous encore ?

GROS-RENÉ

Que faut-il davantage ?

ÉRASTE

Ha ! Lucile, Lucile, un cœur comme le mien
Se fera regretter, et je le sais fort bien.

LUCILE

Éraste, Éraste, un cœur fait comme est fait le vôtre
Se peut facilement réparer par un autre.

ÉRASTE

Non, non : cherchez partout, vous n'en aurez jamais
De si passionné pour vous, je vous promets.
Je ne dis pas cela pour vous rendre attendrie :
J'aurais tort d'en former encore quelque envie.
Mes plus ardents respects n'ont pu vous obliger ;
Vous avez voulu rompre : il n'y faut plus songer ;
Mais personne, après moi, quoi qu'on vous fasse entendre,
N'aura jamais pour vous de passion si tendre.

LUCILE

Quand on aime les gens, on les traite autrement ;
On fait de leur personne un meilleur jugement.

ÉRASTE

Quand on aime les gens, on peut, de jalousie,
Sur beaucoup d'apparence, avoir l'âme saisie ;
Mais alors qu'on les aime, on ne peut en effet
Se résoudre à les perdre, et vous, vous l'avez fait.

LUCILE

La pure jalousie est plus respectueuse.

ÉRASTE

On voit d'un œil plus doux une offense amoureuse.

LUCILE

Non, votre cœur, Éraste, était mal enflammé.

ÉRASTE

Non, Lucile, jamais vous ne m'avez aimé.

LUCILE

Eh ! je crois que cela faiblement vous soucie.
Peut-être en serait-il beaucoup mieux pour ma vie,
Si je… Mais laissons là ces discours superflus :
Je ne dis point quels sont mes pensers là-dessus.

ÉRASTE

Pourquoi ?

LUCILE

Par la raison que nous rompons ensemble,
Et que cela n'est plus de saison, ce me semble.

ÉRASTE

Nous rompons ?

LUCILE

Oui, vraiment : quoi ? n'en est-ce pas fait ?

ÉRASTE

Et vous voyez cela d'un esprit satisfait ?

LUCILE

Comme vous.

ÉRASTE

Comme moi ?

LUCILE

Sans doute : c'est faiblesse
De faire voir aux gens que leur perte nous blesse.

ÉRASTE

Mais, cruelle, c'est vous qui l'avez bien voulu.

LUCILE

Moi ? Point du tout ; c'est vous qui l'avez résolu.

ÉRASTE

Moi ? Je vous ai cru là faire un plaisir extrême.

LUCILE

Point : vous avez voulu vous contenter vous-même.

ÉRASTE

Mais si mon cœur encore revoulait sa prison,…
Si, tout fâché qu'il est, il demandait pardon ?…

LUCILE

Non, non, n'en faites rien : ma faiblesse est trop grande,
J'aurais peur d'accorder trop tôt votre demande.

ÉRASTE

Ha ! vous ne pouvez pas trop tôt me l'accorder,
Ni moi sur cette peur trop tôt le demander.

Consentez-y, Madame : une flamme si belle
Doit, pour votre intérêt, demeurer immortelle.
Je le demande enfin : me l'accorderez-vous,
Ce pardon obligeant ?

                    LUCILE

                              Remenez-moi chez nous.

Scène IV

Marinette, Gros-René.

MARINETTE

Oh ! la lâche personne !

GROS-RENÉ

Ha ! le faible courage !

MARINETTE

J'en rougis de dépit.

GROS-RENÉ

J'en suis gonflé de rage.
Ne t'imagine pas que je me rende ainsi.

MARINETTE

Et ne pense pas, toi, trouver ta dupe aussi.

GROS-RENÉ

Viens, viens frotter ton nez auprès de ma colère.

MARINETTE

Tu nous prends pour un autre, et tu n'as pas affaire
À ma sotte maîtresse. Ardez le beau museau,
Pour nous donner envie encore de sa peau !
Moi, j'aurais de l'amour pour ta chienne de face ?
Moi, je te chercherais ? Ma foi, l'on t'en fricasse
Des filles comme nous !

GROS-RENÉ

Oui ? tu le prends par là ?
Tiens, tiens, sans y chercher tant de façon, voilà
Ton beau galand de neige, avec ta nompareille :
Il n'aura plus l'honneur d'être sur mon oreille.

MARINETTE

Et toi, pour te montrer que tu m'es à mépris,
Voilà ton demi-cent d'épingles de Paris,
Que tu me donnas hier avec tant de fanfare.

GROS-RENÉ

Tiens encore ton couteau ; la pièce est riche et rare :
Il te coûta six blancs lorsque tu m'en fis don.

MARINETTE

Tiens tes ciseaux, avec ta chaîne de laiton.

GROS-RENÉ

J'oubliais d'avant-hier ton morceau de fromage :
Tiens. Je voudrais pouvoir rejeter le potage
Que tu me fis manger, pour n'avoir rien à toi.

MARINETTE

Je n'ai point maintenant de tes lettres sur moi ;
Mais j'en ferai du feu jusques à la dernière.

GROS-RENÉ

Et des tiennes tu sais ce que j'en saurai faire ?

MARINETTE

Prends garde à ne venir jamais me reprier.

GROS-RENÉ

Pour couper tout chemin à nous rapatrier,
Il faut rompre la paille : une paille rompue
Rend, entre gens d'honneur, une affaire conclue.
Ne fais point les doux yeux : je veux être fâché.

MARINETTE

Ne me lorgne point, toi : j'ai l'esprit trop touché.

GROS-RENÉ

Romps : voilà le moyen de ne s'en plus dédire.
Romps : tu ris, bonne bête ?

MARINETTE

Oui, car tu me fais rire.

GROS-RENÉ

La peste soit ton ris ! Voilà tout mon courroux
Déjà dulcifié. Qu'en dis-tu ? romprons-nous,
Ou ne romprons-nous pas ?

MARINETTE

Vois.

GROS-RENÉ

Vois, toi.

MARINETTE

Vois, toi-même.

GROS-RENÉ

Est-ce que tu consens que jamais je ne t'aime ?

MARINETTE

Moi ? Ce que tu voudras.

GROS-RENÉ

Ce que tu voudras, toi :
Dis.

MARINETTE

Je ne dirai rien.

GROS-RENÉ

Ni moi non plus.

MARINETTE

Ni moi.

GROS-RENÉ

Ma foi, nous ferons mieux de quitter la grimace :
Touche, je te pardonne.

90

MARINETTE

Et moi, je te fais grâce.

GROS-RENÉ

Mon Dieu ! qu'à tes appas je suis acoquiné !

MARINETTE

Que Marinette est sotte après son Gros-René !

Acte V

Scène première

Mascarille.

« Dès que l'obscurité régnera dans la ville,
Je me veux introduire au logis de Lucile :
Va vite de ce pas préparer pour tantôt
Et la lanterne sourde, et les armes qu'il faut. »
Quand il m'a dit ces mots, il m'a semblé d'entendre :
« Va vitement chercher un licou pour te pendre. »
Venez çà, mon patron (car dans l'étonnement
Où m'a jeté d'abord un tel commandement,
Je n'ai pas eu le temps de vous pouvoir répondre ;
Mais je vous veux ici parler, et vous confondre :
Défendez-vous donc bien, et raisonnons sans bruit).
Vous voulez, dites-vous, aller voir cette nuit
Lucile ? « Oui, Mascarille. » Et que pensez-vous faire ?
« Une action d'amant qui se veut satisfaire. »
Une action d'un homme à fort petit cerveau
Que d'aller sans besoin risquer ainsi sa peau.
« Mais tu sais quel motif à ce dessein m'appelle :
Lucile est irritée. » Eh bien ! tant pis pour elle.
« Mais l'amour veut que j'aille apaiser son esprit. »
Mais l'amour est un sot qui ne sait ce qu'il dit :
Nous garant ira-t-il, cet amour, je vous prie,
D'un rival, ou d'un père, ou d'un frère en furie ?
« Penses-tu qu'aucun d'eux songe à nous faire mal ? »
Oui vraiment je le pense, et surtout ce rival.
« Mascarille, en tout cas, l'espoir où je me fonde.
Nous irons bien armés ; et si quelqu'un nous gronde,
Nous nous chamaillerons. » Oui, voilà justement
Ce que votre valet ne prétend nullement :

Moi, chamailler, bon Dieu ! suis-je un Roland, mon maître,
Ou quelque Ferragu ? C'est fort mal me connaître.
Quand je viens à songer, moi qui me suis si cher,
Qu'il ne faut que deux doigts d'un misérable fer
Dans le corps, pour vous mettre un humain dans la bière,
Je suis scandalisé d'une étrange manière.
« Mais tu seras armé de pied en cap. » Tant pis :
J'en serai moins léger à gagner le taillis ;
Et de plus, il n'est point d'armure si bien jointe
Où ne puisse glisser une vilaine pointe.
« Oh ! tu seras ainsi tenu pour un poltron. »
Soit, pourvu que toujours je branle le menton :
À table comptez-moi, si vous voulez, pour quatre ;
Mais comptez-moi pour rien s'il s'agit de se battre.
Enfin, si l'autre monde a des charmes pour vous,
Pour moi, je trouve l'air de celui-ci fort doux ;
Je n'ai pas grande faim de mort ni de blessure,
Et vous ferez le sot tout seul, je vous assure.

Scène II

Valère, Mascarille.

VALÈRE

Je n'ai jamais trouvé de jour plus ennuyeux :
Le soleil semble s'être oublié dans les cieux ;
Et jusqu'au lit qui doit recevoir sa lumière
Je vois rester encore une telle carrière,
Que je crois que jamais il ne l'achèvera
Et que de sa lenteur mon âme enragera .

MASCARILLE

Et cet empressement pour s'en aller dans l'ombre
Pêcher vite à tâtons quelque sinistre encombre !
Vous voyez que Lucile, entière en ses rebuts,,,

VALÈRE

Ne me fais point ici de contes superflus.
Quand j'y devrais trouver cent embûches mortelles,
Je sens de son courroux des gênes trop cruelles,
Et je veux l'adoucir, ou terminer mon sort :
C'est un point résolu.

MASCARILLE

J'approuve ce transport ;
Mais le mal est, Monsieur, qu'il faudra s'introduire
En cachette.

VALÈRE

Fort bien.

MASCARILLE

Et j'ai peur de vous nuire.

VALÈRE

Et comment ?

MASCARILLE

Une toux me tourmente à mourir,
Dont le bruit importun vous fera découvrir :
De moment en moment…. Vous voyez le supplice.

VALÈRE

Ce mal te passera : prends du jus de réglisse.

MASCARILLE

Je ne crois pas, Monsieur, qu'il se veuille passer.
Je serais ravi, moi, de ne vous point laisser ;
Mais j'aurais un regret mortel, si j'étais cause :
Qu'il fût à mon cher maître arrivé quelque chose.

Scène III

Valère, La Rapière, Mascarille.

LA RAPIÈRE

Monsieur, de bonne part je viens d'être informé
Qu'Éraste est contre vous fortement animé,
Et qu'Albert parle aussi de faire pour sa fille
Rouer jambes et bras à votre Mascarille.

MASCARILLE

Moi, je ne suis pour rien dans tout cet embarras.
Qu'ai-je fait pour me voir rouer jambes et bras ?
Suis-je donc gardien, pour employer ce style,
De la virginité des filles de la ville ?
Sur la tentation ai-je quelque crédit ?
Et puis-je mais, chétif, si le cœur leur en dit ?

VALÈRE

Oh ! qu'ils ne seront pas si méchants qu'ils le disent !
Et quelque belle ardeur que ses feux lui produisent,
Éraste n'aura pas si bon marché de nous.

LA RAPIÈRE

S'il vous faisait besoin, mon bras est tout à vous :
Vous savez de tout temps que je suis un bon frère.

VALÈRE

Je vous suis obligé, Monsieur de la Rapière.

LA RAPIÈRE

J'ai deux amis aussi que je vous puis donner,
Qui contre tous venants sont gens à dégainer,
Et sur qui vous pourrez prendre toute assurance.

MASCARILLE

Acceptez-les, Monsieur.

VALÈRE

C'est trop de complaisance.

LA RAPIÈRE

Le petit Gille encore eût pu nous assister,
Sans le triste accident qui vient de nous l'ôter.
Monsieur, le grand dommage ! et l'homme de service !
Vous avez su le tour que lui fit la justice :
Il mourut en César, et lui cassant les os,
Le bourreau ne lui put faire lâcher deux mots.

VALÈRE

Monsieur de la Rapière, un homme de la sorte
Doit être regretté. Mais quant à votre escorte,
Je vous rends grâce.

LA RAPIÈRE

Soit ; mais soyez averti
Qu'il vous cherche, et vous peut faire un mauvais parti.

VALÈRE

Et moi, pour vous montrer combien je l'appréhende,
Je lui veux, s'il me cherche, offrir ce qu'il demande,
Et par toute la ville aller présentement,
Sans être accompagné que de lui seulement.

MASCARILLE

Quoi ? Monsieur, vous voulez tenter Dieu ? Quelle audace !
Las ! vous voyez tous deux comme l'on nous menace,
Combien de tous côtés….

VALÈRE

Que regardes-tu, là ?

MASCARILLE

C'est qu'il sent le bâton du côté que voilà.
Enfin, si maintenant ma prudence en est crue,

Ne nous obstinons point à rester dans la rue :
Allons nous renfermer.

VALÈRE

Nous renfermer, faquin !
Tu m'oses proposer un acte de coquin !
Sus, sans plus de discours, résous-toi de me suivre.

MASCARILLE

Eh ! Monsieur, mon cher maître, il est si doux de vivre !
On ne meurt qu'une fois, et c'est pour si longtemps !

VALÈRE

Je m'en vais t'assommer de coups, si je t'entends.
Ascagne vient ici, laissons-le : il faut attendre
Quel parti de lui-même il résoudra de prendre.
Cependant avec moi viens prendre à la maison
Pour nous frotter.

MASCARILLE

Je n'ai nulle démangeaison.
Que maudit soit l'amour, et les filles maudites
Qui veulent en tâter, puis font les chattemites !

Scène IV

Ascagne, Frosine.

ASCAGNE

Est-il bien vrai, Frosine, et ne rêvé-je point ?
De grâce, contez-moi bien tout de point en point.

FROSINE

Vous en saurez assez le détail ; laissez faire :
Ces sortes d'incidents ne sont pour l'ordinaire
Que redits trop de fois de moment en moment.
Suffit que vous sachiez qu'après ce testament
Qui voulait un garçon pour tenir sa promesse,
De la femme d'Albert la dernière grossesse
N'accoucha que de vous ; et que lui dessous main
Ayant depuis longtemps concerté son dessein,
Fit son fils de celui d'Ignès la bouquetière,
Qui vous donna pour sienne à nourrir à ma mère,
La mort ayant ravi ce petit innocent
Quelque dix mois après, Albert étant absent,
La crainte d'un époux et l'amour maternelle
Firent l'évènement d'une ruse nouvelle :
Sa femme en secret lors se rendit son vrai sang ;
Vous devîntes celui qui tenait votre rang,
Et la mort de ce fils mis dans votre famille
Se couvrit pour Albert de celle de sa fille.
Voilà de votre sort un mystère éclairci
Que votre feinte mère a caché jusqu'ici ;
Elle en dit des raisons, et peut en avoir d'autres,
Par qui ses intérêts n'étaient pas tous les vôtres.
Enfin cette visite, où j'espérais si peu,
Plus qu'on ne pouvait croire a servi votre feu.
Cette Ignès vous relâche ; et par votre autre affaire
L'éclat de son secret devenu nécessaire,
Nous en avons nous deux votre père informé ;

99

Un billet de sa femme a le tout confirmé ;
Et poussant plus avant encore notre pointe,
Quelque peu de fortune à notre adresse jointe,
Aux intérêts d'Albert de Polydore après
Nous avons ajusté si bien les intérêts,
Si doucement à lui déplié ces mystères,
Pour n'effaroucher pas d'abord trop les affaires,
Enfin, pour dire tout, mené si prudemment
Son esprit pas à pas à l'accommodement,
Qu'autant que votre père il montre de tendresse
À confirmer les nœuds qui font votre allégresse.

ASCAGNE

Ha ! Frosine, la joie où vous m'acheminez
Et que ne dois-je point à vos soins fortunés !

FROSINE

Au reste, le bonhomme est en humeur de rire,
Et pour son fils encore nous défend de rien dire.

Scène V

Ascagne, Frosine, Polydore.

POLYDORE

Approchez-vous, ma fille : un tel nom m'est permis,
Et j'ai su le secret que cachaient ces habits.
Vous avez fait un trait qui, dans sa hardiesse,
Fait briller tant d'esprit et tant de gentillesse,
Que je vous en excuse, et tiens mon fils heureux
Quand il saura l'objet de ses soins amoureux :
Vous valez tout un monde, et c'est moi qui l'assure.
Mais le voici : prenons plaisir de l'aventure.
Allez faire venir tous vos gens promptement.

ASCAGNE

Vous obéir sera mon premier compliment.

Scène VI

Mascarille, Polydore, Valère.

MASCARILLE

Les disgrâces souvent sont du Ciel révélées :
J'ai songé cette nuit de perles défilées,
Et d'œufs cassés : Monsieur, un tel songe m'abat,

VALÈRE

Chien de poltron !

POLYDORE

                  Valère, il s'apprête un combat
Où toute ta valeur te sera nécessaire :
Tu vas avoir en tête un puissant adversaire.

MASCARILLE

Et personne, Monsieur, qui se veuille bouger
Pour retenir des gens qui se vont égorger !
Pour moi, je le veux bien ; mais au moins s'il arrive
Qu'un funeste accident de votre fils vous prive,
Ne m'en accusez point.

POLYDORE

                  Non, non : en cet endroit
Je le pousse moi-même à faire ce qu'il doit.

MASCARILLE

Père dénaturé !

VALÈRE

                Ce sentiment, mon père,
Est d'un homme de cœur, et je vous en révère.
J'ai dû vous offenser, et je suis criminel
D'avoir fait tout ceci sans l'aveu paternel ;

102

Mais à quelque dépit que ma faute vous porte,
La nature toujours se montre la plus forte ;
Et votre honneur fait bien, quand il ne veut pas voir
Que le transport d'Éraste ait de quoi m'émouvoir.

POLYDORE

On me faisait tantôt redouter sa menace ;
Mais les choses depuis ont bien changé de face ;
Et sans le pouvoir fuir, d'un ennemi plus fort
Tu vas être attaqué.

MASCARILLE

Point de moyen d'accord ?

VALÈRE

Moi, le fuir ! Dieu m'en garde. Et qui donc pourrait-ce être ?

POLYDORE

Ascagne.

VALÈRE

Ascagne ?

POLYDORE

Oui, tu le vas voir paraître.

VALÈRE

Lui, qui de me servir m'avait donné sa foi !

POLYDORE

Oui, c'est lui qui prétend avoir affaire à toi,
Et qui veut, dans le champ où l'honneur vous appelle,
Qu'un combat seul à seul vuide votre querelle.

MASCARILLE

C'est un brave homme : il sait que les cœurs généreux
Ne mettent point les gens en compromis pour eux.

POLYDORE

Enfin d'une imposture ils te rendent coupable,
Dont le ressentiment m'a paru raisonnable ;
Si bien qu'Albert et moi sommes tombés d'accord
Que tu satisferais Ascagne sur ce tort,
Mais aux yeux d'un chacun, et sans nulles remises,
Dans les formalités en pareil cas requises.

VALÈRE

Et Lucile, mon père, a d'un cœur endurci...

POLYDORE

Lucile épouse Éraste, et te condamne aussi ;
Et pour convaincre mieux tes discours d'injustice,
Veut qu'à tes propres yeux cet hymen s'accomplisse.

VALÈRE

Ha ! c'est une impudence à me mettre en fureur :
Elle a donc perdu sens, foi, conscience, honneur ?

Scène VII

Mascarille, Lucile, Éraste, Polydore, Albert, Valère.

ALBERT

Eh bien ! les combattants ? On amène le nôtre :
Avez-vous disposé le courage du vôtre ?

VALÈRE

Oui, oui, me voilà prêt, puisqu'on m'y veut forcer ;
Et si j'ai pu trouver sujet de balancer,
Un reste de respect en pouvait être cause,
Et non pas la valeur du bras que l'on m'oppose.
Mais c'est trop me pousser, ce respect est à bout :
À toute extrémité mon esprit se résout,
Et l'on fait voir un trait de perfidie étrange,
Dont il faut hautement que mon amour se venge.
Non pas que cet amour prétende encore à vous :
Tout son feu se résout en ardeur de courroux ;
Et quand j'aurai rendu votre honte publique,
Votre coupable hymen n'aura rien qui me pique,
Allez, ce procédé, Lucile, est odieux :
À peine en puis-je croire au rapport de mes yeux ;
C'est de toute pudeur se montrer ennemie,
Et vous devriez mourir d'une telle infamie.

LUCILE

Un semblable discours me pourrait affliger,
Si je n'avais en main qui m'en saura venger.
Voici venir Ascagne : il aura l'avantage
De vous faire changer bien vite de langage,
Et sans beaucoup d'effort.

Scène VIII

Mascarille, Lucile, Éraste, Albert, Valère, Gros-René, Marinette, Ascagne, Frosine, Polydore.

VALÈRE

Il ne le fera pas,
Quand il joindrait au sien encore vingt autres bras.
Je le plains de défendre une sœur criminelle ;
Mais puisque son erreur me veut faire querelle,
Nous le satisferons, et vous, mon brave, aussi.

ÉRASTE

Je prenais intérêt tantôt à tout ceci ;
Mais enfin, comme Ascagne a pris sur lui l'affaire,
Je ne veux plus en prendre, et je le laisse faire.

VALÈRE

C'est bien fait, la prudence est toujours de saison ;
Mais….

ÉRASTE

Il saura pour tous vous mettre à la raison.

VALÈRE

Lui ?

POLYDORE

Ne t'y trompe pas ; tu ne sais pas encore
Quel étrange garçon est Ascagne.

ALBERT

Il l'ignore.

Mais il pourra dans peu le lui faire savoir.

VALÈRE

Sus donc ! que maintenant il me le fasse voir.

MARINETTE

Aux yeux de tous ?

GROS-RENÉ

Cela ne serait pas honnête.

VALÈRE

Se moque-t-on de moi ? Je casserai la tête
À quelqu'un des rieurs. Enfin voyons l'effet.

ASCAGNE

Non, non, je ne suis pas si méchant qu'on me fait ;
Et dans cette aventure où chacun m'intéresse,
Vous allez voir plutôt éclater ma faiblesse,
Connaître que le Ciel, qui dispose de nous,
Ne me fit pas un cœur pour tenir contre vous,
Et qu'il vous réservait, pour victoire facile,
De finir le destin du frère de Lucile.
Oui, bien loin de vanter le pouvoir de mon bras,
Ascagne va par vous recevoir le trépas ;
Mais il veut bien mourir, si sa mort nécessaire
Peut avoir maintenant de quoi vous satisfaire,
En vous donnant pour femme, en présence de tous,
Celle qui justement ne peut être qu'à vous.

VALÈRE

Non, quand toute la terre, après sa perfidie
Et les traits effrontés

ASCAGNE

Ah ! souffrez que je dise,
Valère, que le cœur qui vous est engagé
D'aucun crime envers vous ne peut être chargé :
Sa flamme est toujours pure et sa constance extrême,
Et j'en prends à témoin votre père lui-même.

POLYDORE

Oui, mon fils, c'est assez rire de ta fureur,
Et je vois qu'il est temps de te tirer d'erreur.

107

Celle à qui par serment ton âme est attachée
Sous l'habit que tu vois à tes yeux est cachée ;
Un intérêt de bien, dès ses plus jeunes ans,
Fit ce déguisement qui trompe tant de gens ;
Et depuis peu l'amour en a su faire un autre,
Qui t'abusa, joignant leur famille à la nôtre.
Ne va point regarder à tout le monde aux yeux :
Je te fais maintenant un discours sérieux.
Oui, c'est elle, en un mot, dont l'adresse subtile,
La nuit, reçut ta foi sous le nom de Lucile,
Et qui par ce ressort, qu'on ne comprenait pas,
A semé parmi vous un si grand embarras.
Mais, puisqu'Ascagne ici fait place à Dorothée,
Il faut voir de vos feux toute imposture ôtée,
Et qu'un nœud plus sacré donne force au premier.

ALBERT

Et c'est là justement ce combat singulier
Qui devait envers nous réparer votre offense,
Et pour qui les édits n'ont point fait de défense.

POLYDORE

Un tel évènement rend tes esprits confus ;
Mais en vain tu voudrais balancer là-dessus.

VALÈRE

Non, non, je ne veux pas songer à m'en défendre ;
Et si cette aventure a lieu de me surprendre,
La surprise me flatte, et je me sens saisir
De merveille à la fois, d'amour et de plaisir.
Se peut-il que ces yeux… ?

ALBERT

                   Cet habit, cher Valère,
Souffre mal les discours que vous lui pourriez faire.
Allons lui faire en prendre un autre ; et cependant
Vous saurez le détail de tout cet incident.

VALÈRE

Vous, Lucile, pardon, si mon âme abusée….

LUCILE

L'oubli de cette injure est une chose aisée.

ALBERT

Allons, ce compliment se fera bien chez nous,
Et nous aurons loisir de nous en faire tous.

ÉRASTE

Mais vous ne songez pas, en tenant ce langage,
Qu'il reste encore ici des sujets de carnage :
Voilà bien à tous deux notre amour couronné ;
Mais de son Mascarille et de mon Gros-René,
Par qui doit Marinette être ici possédée ?
Il faut que par le sang l'affaire soit vuidée.

MASCARILLE

Nenni, nenni : mon sang dans mon corps sied trop bien.
Qu'il l'épouse en repos, cela ne me fait rien :
De l'humeur que je sais la chère Marinette,
L'hymen ne ferme pas la porte à la fleurette.

MARINETTE

Et tu crois que de toi je ferais mon galant ?
Un mari, passe encore : tel qu'il est, on le prend ;
On n'y va pas chercher tant de cérémonie.
Mais il faut qu'un galant soit fait à faire envie.

GROS-RENÉ

Écoute : quand l'hymen aura joint nos deux peaux,
Je prétends qu'on soit sourde à tous les damoiseaux.

MASCARILLE

Tu crois te marier pour toi tout seul, compère ?

GROS-RENÉ

Bien entendu : je veux une femme sévère,
Ou je ferai beau bruit.

MASCARILLE

Eh ! mon Dieu ! tu feras
Comme les autres font, et tu t'adouciras.
Ces gens, avant l'hymen, si fâcheux et critiques,
Dégénèrent souvent en maris pacifiques.

MARINETTE

Va, va, petit mari, ne crains rien de ma foi :
Les douceurs ne feront que blanchir contre moi,
Et je te dirai tout.

MASCARILLE

Oh ! las ! fine pratique !
Un mari confident !...

MARINETTE

Taisez-vous, as de pique.

ALBERT

Pour la troisième fois, allons-nous-en chez nous
Poursuivre en liberté des entretiens si doux.